U0853532

"十二五"职业教育国家规划教材
经全国职业教育教材审定委员会审定

21世纪高职高专财会专业工学结合课程改革系列教材
总主编　谢国珍

会计实务模拟（第3版）

主　编　陈　圆　肖仁伟

中国人民大学出版社
·北京·

图书在版编目（CIP）数据

会计实务模拟/陈圆，肖仁伟主编. —3 版. —北京：中国人民大学出版社，2018.6
21 世纪高职高专财会专业工学结合课程改革系列教材
ISBN 978-7-300-25867-6

Ⅰ.①会… Ⅱ.①陈…②肖… Ⅲ.①会计实务－高等职业教育－教材 Ⅳ.①F233

中国版本图书馆 CIP 数据核字（2018）第 122442 号

"十二五"职业教育国家规划教材
21 世纪高职高专财会专业工学结合课程改革系列教材
总主编　谢国珍
会计实务模拟（第 3 版）
主　编　陈　圆　肖仁伟
Kuaiji Shiwu Moni

出版发行	中国人民大学出版社		
社　　址	北京中关村大街 31 号	**邮政编码**	100080
电　　话	010－62511242（总编室）		010－62511770（质管部）
	010－82501766（邮购部）		010－62514148（门市部）
	010－62515195（发行公司）		010－62515275（盗版举报）
网　　址	http：//www. crup. com. cn		
经　　销	新华书店		
印　　刷	天津中印联印务有限公司	**版　　次**	2012 年 4 月第 1 版
开　　本	787 mm×1092 mm　1/16		2018 年 6 月第 3 版
印　　张	13.75	**印　　次**	2023 年 8 月第 4 次印刷
字　　数	157 000	**定　　价**	43.80 元

第3版前言

本书自2012年4月第1版、2015年2月第2版至今已经发行了整整6年。令人欣慰的是，本书自发行以来广受欢迎，尤其是入选“十二五”职业教育国家规划教材后，成为众多高职高专院校的首选教材。

本书以习近平新时代中国特色社会主义思想为指导，全面融入党的二十大精神，始终把提高学生的思想道德素质与专业素养融为一体，培养学生诚实守信、爱岗敬业等优秀品质，为中国式现代化建设提供高技能人才支撑。

本书突出了高职高专会计专业特色，注重会计理论的实用性和方法的可操作性，以满足培养高素质会计技术技能型人才的需要。本书通过模拟完成一个企业在一个会计期间的账务处理实训业务，使学生在仿真的业务环境中熟悉企业会计工作流程与工作规范，应用所学的会计专业理论知识和企业会计业务技能，最终形成能适应会计各岗位的工作能力。

本次修订本着“实用、管用、够用”的原则，在尽量保持原版特色、组织结构和内容体系不变的前提下，努力在业务时间、案例资料仿真性、税率政策变更等方面有所更新和充实。由于作者水平有限，书中可能还存在错漏或不妥之处，恳请专家、同行和读者批评指正。此外，要感谢中国人民大学出版社在本次修订再版过程中给予的大力指导和帮助。

编　者

第1版前言

按照高职高专院校会计专业学生培养目标的要求，会计、财务管理及相近专业学生应较好地掌握该职业岗位所必需的基础理论和专门知识，尤其应重点掌握从事专业领域实际工作的基本技能，进行会计实务模拟实训是提高学生综合职业能力的最佳途径之一。

会计业务全过程的处理是会计、财务管理及相近专业学生应具备的基本技能，但是由于财会工作的特殊性，学生较难、甚至无法参与企业实际的会计业务处理工作，因此，模拟的、仿真的训练显得尤为必要。本书以某虚构企业一个月完整的经济业务为背景，通过设置该企业的月初余额，以真实的原始凭证反映经济内容，让学生完成记账凭证填制、账簿登记、科目试算平衡、报表编制等全过程的会计手工账务处理。

本书根据“以就业为导向”“以能力培养为中心”的理念，紧紧围绕高职高专会计、财务管理及相近专业的岗位知识和技能需求，密切结合高职高专学生的特点，本着理论教学“必需、够用”为度，突出实务教学的原则，采用任务驱动式教学模式编写。本书以真实工作任务为载体设计内容，注重实用性，将实际工作中发生的日常经济业务以仿真原始凭证的形式呈现，具有很强的可操作性。本书在校本教材的基础上，以最新的《企业会计准则》为依据进行了增补和修改，充分体现出会计改革的新特点，力求紧跟会计理论和实践的步伐。

本书由浙江商业职业技术学院陈圆、广东省佛山市顺德职业技术学院肖仁伟任主编，浙江商业职业技术学院陈海红、朱冰心参与编写。本书既可作为高职高专院校、成人高校的会计及相关专业课程教材或辅助教材，也可作为会计人员的岗位培训用书。

本书在编写过程中得到了相关企业有关人士的大力支持，在此深表谢意。由于编者水平有限，书中错漏及不足之处在所难免，敬请读者批评指正。

编者

2012年1月

目　录

会计实务模拟实训方案

一、会计实务模拟实训的目的

会计实务模拟实训是为了提高会计专业学生的综合专业素质和核算技能而设置的实践环节，使学生在系统掌握会计理论和账务处理技能的基础上，比较系统地练习工业企业会计核算的基本程序和具体方法。通过实务模拟实训，第一，加强学生对会计基本理论、基本方法的应用和基本技能的训练，达到理论教学与会计实务的统一，全面培养学生的凭证识别、凭证制作、账簿登记和会计报表编制的实际操作能力；第二，培养学生会计操作的工作习惯和严谨、细致的工作作风，加强会计工作基本素养的培养；第三，让学生在学习中扮演积极主动的角色，在与企业交易事项的接触中学会认识问题、分析问题和解决问题，提高独立思考和创新能力。

二、会计实务模拟实训的基本要求

1. 理论要求

学生应在修完“基础会计”“企业财务会计”“成本会计”等会计专业主干课程后参加实训。

2. 道德要求和技术性要求

道德要求：

（1）会计实务模拟实训的操作过程要符合相关的会计法规；

（2）会计实务模拟实训的账务处理要符合会计核算原理；

（3）学生在进行会计实务模拟实训时，态度要端正，目的要明确，作风要踏实，操作要认真，要以一个会计人员的身份参与实训。

技术性要求：

（1）会计凭证、会计账簿、会计报表项目的填制要准确、完整；

（2）会计凭证、会计账簿、会计报表的文字、数字要书写清晰、工整、规范；

（3）会计凭证、会计账簿、会计报表的填制（编制）要及时；

（4）会计凭证、会计账簿、会计报表的填制除按规定必须使用红色墨水书写外，所有文字、数字都应使用蓝（黑）墨水书写，不准使用铅笔和圆珠笔（复写凭证除外）；

（5）会计凭证、会计账簿、会计报表的操作如出现错误，必须按规定方法进行更正，不得涂改、刮擦挖补或用褪色药水消除字迹；

（6）会计凭证、会计账簿、会计报表等会计资料，必须及时整理立卷、编制目录、装订成册、归档保管。

3. 其他要求

参加实训的学生，必须准备齐全实训所需的证、账、表（统一发放）、笔、算盘、计算器、印鉴、回形针、胶水等用具。

三、会计实务模拟实训的组织及方式

根据最新的《企业会计准则》模拟某工业企业的生产经营情况，按实际工作的要求，采用企业实际应用的记账凭证、会计账簿和会计报表等账表，完成从建账、填制、审核记账凭证、编制科目汇总表、登记账簿到编制会计报表等一系列会计核算操作。

四、会计实务模拟实训的内容

会计实务模拟实训以《企业会计准则》为依据，以虚构的宏伟工厂 2018 年 12 月的经济业务为内容，按照《会计基础工作规范》的要求进行。

实训内容包括：取得或填制原始凭证，审核原始凭证；根据审核的原始凭证编制记账凭证，相互复核记账凭证，编制科目汇总表；根据科目汇总表和有关凭证登记总分类账和明细分类账，结账、对账，月末进行成本计算，进行各种结转业务；最后编制会计报表，并将记账凭证装订成册。

具体以宏伟工厂资料为依据，进行以下操作：

（1）根据期初资料，开立新账，进行试算平衡；

（2）处理上旬、中旬、下旬的经济业务，包括编制记账凭证、编制科目汇总表、复核记账凭证、登记账簿、试算平衡；

（3）月末进行成本计算，结转各种期间费用，结转利润与利润分配，进行月末结账工作；

（4）以考试形式产生会计报表（主要是资产负债表和利润表）。

会计实务模拟实训说明

会计实务模拟实训内容系虚构的宏伟工厂2018年12月全部经济业务，该企业设有一个基本生产车间，生产1号、2号产品；设有两个辅助生产车间，即动力车间和机修车间。生产类型为大量大批单步骤生产。具体业务核算假设如下：

（1）原材料、包装物、低值易耗品均按计划成本法核算；

（2）所有的运杂费均不考虑税金；

（3）材料成本差异率按“原材料”“包装物”“低值易耗品”分别核算；

（4）包装物本月无购入业务，发出时按上月成本差异率（0.5%）考虑，低值易耗品领用采用一次摊销法；

（5）成本计算方法采用品种法，完工产品与月末在产品费用分配采用约当产量法；

（6）辅助生产车间不设“制造费用”账户，辅助生产费用分配采用直接分配法；

（7）记账凭证采用“收款凭证”“付款凭证”和“转账凭证”三种，记账凭证的编号，分为现收字、现付字、银收字、银付字、转字五类，每类均从“1”号开始；

（8）会计核算形式采用科目汇总表核算形式；

（9）根据经济业务，填制或取得原始凭证后，方可序时编制记账凭证，并将原始凭证附在记账凭证后面；

（10）具体操作方法，根据《会计基础工作规范》要求进行。

会计基础工作规范

会计基础工作规范

财会字〔1996〕19号

第一章 总 则

第一条 为了加强会计基础工作，建立规范的会计工作秩序，提高会计工作水平，根据《中华人民共和国会计法》的有关规定，制定本规范。

第二条 国家机关、社会团体、企业、事业单位、个体工商户和其他组织的会计基础工作，应当符合本规范的规定。

第三条 各单位应当依据有关法律、法规和本规范的规定，加强会计基础工作，严格执行会计法规制度，保证会计工作依法有序地进行。

第四条 单位领导人对本单位的会计基础工作负有领导责任。

第五条 各省、自治区、直辖市财政厅（局）要加强对会计基础工作的管理和指导，通过政策引导、经验交流、监督检查等措施，促进基层单位加强会计基础工作，不断提高会计工作水平。

国务院各业务主管部门根据职责权限管理本部门的会计基础工作。

第二章 会计机构和会计人员

第一节 会计机构设置和会计人员配备

第六条 各单位应当根据会计业务的需要设置会计机构；不具备单独设置会计机构条件的，应当在有关机构中配备专职会计人员。

事业行政单位会计机构的设置和会计人员的配备，应当符合国家统一事业行政单位会计制度的规定。

设置会计机构，应当配备会计机构负责人；在有关机构中配备专职会计人员，应当在专职会计人员中指定会计主管人员。

会计机构负责人、会计主管人员的任免，应当符合《中华人民共和国会计法》和有关法律的规定。

第七条 会计机构负责人、会计主管人员应当具备下列基本条件：

（一）坚持原则，廉洁奉公；

（二）具备会计师以上专业技术职务资格或者从事会计工作三年以上经历；

（三）熟悉国家财经法律、法规、规章和方针、政策，掌握本行业业务管理的有关知识；

（四）有较强的组织能力；

（五）身体状况能够适应本职工作的要求。

第八条 没有设置会计机构和配备会计人员的单位，应当根据《代理记账管理办法》委托会计师事务所或者持有代理记账许可证书的其他代理记账机构进行代理记账。

第九条 大中型企业、事业单位、业务主管部门应当根据法律和国家有关规定设置总会计师。总会计师由具有会计师以上专业技术资格的人员担任。

总会计师行使《总会计师条例》规定的职责、权限。

总会计师的任命（聘任）、免职（解聘）依照《总会计师条例》和有关法律的规定办理。

第十条 各单位应当根据会计业务需要配备会计人员，并确保其具备从事会计工作所需要的专业能力。

第十一条 各单位应当根据会计业务需要设置会计工作岗位。

会计工作岗位一般可分为：会计机构负责人或者会计主管人员、出纳、财产物资核算、工资核算、成本费用核算、财务成果核算、资金核算、往来结算、总账报表、稽核、档案管理等。开展会计电算化和管理会计的单位，可以根据需要设置相应工作岗位，也可以与其他工作岗位相结合。

第十二条 会计工作岗位，可以一人一岗、一人多岗或者一岗多人。但出纳人员不得兼管稽核、会计档案保管和收入、费用、债权债务账目的登记工作。

第十三条 会计人员的工作岗位应当有计划地进行轮换。

第十四条 会计人员应当具备必要的专业知识和专业技能，熟悉国家有关法律、法规、规章和国家统一会计制度，遵守职业道德。

会计人员应当按照国家有关规定参加会计业务的培训。各单位应当合理安排会计人员的培训，保证会计人员每年有一定时间用于学习和参加培训。

第十五条 各单位领导人应当支持会计机构、会计人员依法行使职权；对忠于职守，坚持原则，做出显著成绩的会计机构、会计人员，应当给予精神的和物资的奖励。

第十六条 国家机关、国有企业、事业单位任用会计人员应当实行回避制度。

单位领导人的直系亲属不得担任本单位的会计机构负责人、会计主管人员。会计机构负责人、会计主管人员的直系亲属不得在本单位会计机构中担任出纳工作。

需要回避的直系亲属为：夫妻关系、直系血亲关系、三代以内旁系血亲以及配偶亲关系。

第二节 会计人员职业道德

第十七条 会计人员在会计工作中应当遵守职业道德，树立良好的职业品质、严谨的工作作风，严守工作纪律，努力提高工作效率和工作质量。

第十八条 会计人员应当热爱本职工作，努力钻研业务，使自己的知识和技能适应所从事工作的要求。

第十九条 会计人员应当熟悉财经法律、法规、规章和国家统一会计制度，并结合会计工作进行广泛宣传。

第二十条 会计人员应当按照会计法律、法规和国家统一会计制度规定的程序和要求进行会计工作，保证所提供的会计信息合法、真实、准确、及时、完整。

第二十一条 会计人员办理会计事务应当实事求是、客观公正。

第二十二条 会计人员应当熟悉本单位的生产经营和业务管理情况，运用掌握的会计信息和会计方法，为改善单位内部管理、提高经济效益服务。

第二十三条 会计人员应当保守本单位的商业秘密。除法律规定和单位领导人同意外，不能私自向外界提供或者泄露单位的会计信息。

第二十四条 财政部门、业务主管部门和各单位应当定期检查会计人员遵守职业道德的情况，并作为会计人员晋升、晋级、聘任专业职务、表彰奖励的重要考核依据。

会计人员违反职业道德的，由所在单位进行处罚；情节严重的，由会计证发证机关吊销其会计证。

第三节 会计工作交接

第二十五条 会计人员工作调动或者因故离职，必须将本人所经管的会计工作全部移交给接替人员。没有办清交接手续的，不得调动或者离职。

第二十六条 接替人员应当认真接管移交工作，并继续办理移交的未了事项。

第二十七条 会计人员办理移交手续前，必须及时做好以下工作：

（一）已经受理的经济业务尚未填制会计凭证的，应当填制完毕。

（二）尚未登记的账目，应当登记完毕，并在最后一笔余额后加盖经办人员印章。

（三）整理应该移交的各项资料，对未了事项写出书面材料。

（四）编制移交清册，列明应当移交的会计凭证、会计账簿、会计报表、印章、现金、有价证券、支票簿、发票、文件、其他会计资料和物品等内容；实行会计电算化的单位，从事该项工作的移交人员还应当在移交清册中列明会计软件及密码、会计软件数据磁盘（磁带等）及有关资料、实物等内容。

第二十八条 会计人员办理交接手续，必须有监交人负责监交。一般会计人员交接，由单位会计机构负责人、会计主管人员负责监交；会计机构负责人、会计主管人员交接，由单位领导人负责监交，必要时可由上级主管部门派人会同监交。

第二十九条 移交人员在办理移交时，要按移交清册逐项移交；接替人员要逐项核对点收。

（一）现金、有价证券要根据会计账簿有关记录进行点交。库存现金、有价证券必须与会计账簿记录保持一致。不一致时，移交人员必须限期查清。

（二）会计凭证、会计账簿、会计报表和其他会计资料必须完整无缺。如有短缺，必须查清原因，并在移交清册中注明，由移交人员负责。

（三）银行存款账户余额要与银行对账单核对，如不一致，应当编制银行存款余额调节表调节相符，各种财产物资和债权债务的明细账户余额要与总账有关账户余额核对相符；必要时，要抽查个别账户的余额，与实物核对相符，或者与往来单位、个人核对清楚。

（四）移交人员经管的票据、印章和其他实物等，必须交接清楚；移交人员从事会计电算化工作的，要对有关电子数据在实际操作状态下进行交接。

第三十条 会计机构负责人、会计主管人员移交时，还必须将全部财务会计工作、重大财务收支和会计人员的情况等，向接替人员详细介绍。对需要移交的遗留问题，应当写出书面材料。

第三十一条 交接完毕后，交接双方和监交人员要在移交注册上签名或者盖章。并应在移交注册上注明：单位名称，交接日期，交接双方和监交人员的职务、姓名，移交清册页数以及需要说明的问题和意见等。

移交清册一般应当填制一式三份，交接双方各执一份，存档一份。

第三十二条 接替人员应当继续使用移交的会计账簿，不得自行另立新账，以保持会计记录的连续性。

第三十三条 会计人员临时离职或者因病不能工作且需要接替或者代理的，会计机构负责人、会计主管人员或者单位领导人必须指定有关人员接替或者代理，并办理交接手续。

临时离职或者因病不能工作的会计人员恢复工作的，应当与接替或者代理人员办理交接手续。

移交人员因病或者其他特殊原因不能亲自办理移交的，经单位领导人批准，可由移交人员委托他人代办移交，但委托人应当承担本规范第三十五条规定的责任。

第三十四条 单位撤销时，必须留有必要的会计人员，会同有关人员办理清理工作，编制决算。未移交前，不得离职。接收单位和移交日期由主管部门确定。

单位合并、分立的，其会计工作交接手续比照上述有关规定办理。

第三十五条 移交人员对所移交的会计凭证、会计账簿、会计报表和其他有关资料的合法性、真实性承担法律责任。

第三章 会计核算

第一节 会计核算一般要求

第三十六条 各单位应当按照《中华人民共和国会计法》和国家统一会计制

度的规定建立会计账册，进行会计核算，及时提供合法、真实、准确、完整的会计信息。

第三十七条 各单位发生的下列事项，应当及时办理会计手续、进行会计核算：

（一）款项和有价证券的收付；

（二）财物的收发、增减和使用；

（三）债权债务的发生和结算；

（四）资本、基金的增减；

（五）收入、支出、费用、成本的计算；

（六）财务成果的计算和处理；

（七）其他需要办理会计手续、进行会计核算的事项。

第三十八条 各单位的会计核算应当以实际发生的经济业务为依据，按照规定的会计处理方法进行，保证会计指标的口径一致、相互可比和会计处理方法的前后各期相一致。

第三十九条 会计年度自公历1月1日起至12月31日止。

第四十条 会计核算以人民币为记账本位币。

收支业务以外国货币为主的单位，也可以选定某种外国货币作为记账本位币，但是编制的会计报表应当折算为人民币反映。

境外单位向国内有关部门编报的会计报表，应当折算为人民币反映。

第四十一条 各单位根据国家统一会计制度的要求，在不影响会计核算要求、会计报表指标汇总和对外统一会计报表的前提下，可以根据实际情况自行设置和使用会计科目。

事业行政单位会计科目的设置和使用，应当符合国家统一事业行政单位会计制度的规定。

第四十二条 会计凭证、会计账簿、会计报表和其他会计资料的内容和要求必须符合国家统一会计制度的规定，不得伪造、变造会计凭证和会计账簿，不得设置账外账，不得报送虚假会计报表。

第四十三条 各单位对外报送的会计报表格式由财政部统一规定。

第四十四条 实行会计电算化的单位，对使用的会计软件及其生成的会计凭证、会计账簿、会计报表和其他会计资料的要求，应当符合财政部关于会计电算化的有关规定。

第四十五条 各单位的会计凭证、会计账簿、会计报表和其他会计资料，应当建立档案，妥善保管。会计档案建档要求、保管期限、销毁办法等依据《会计档案管理办法》的规定进行。

实行会计电算化的单位，有关电子数据、会计软件资料等应当作为会计档案进行管理。

第四十六条 会计记录的文字应当使用中文，少数民族自治地区可以同时使用少数民族文字。中国境内的外商投资企业、外国企业和其他外国经济组织也可以同时使用某种外国文字。

第二节 填制会计凭证

第四十七条 各单位办理本规范第三十七条规定的事项，必须取得或者填制原始凭证，并及时送交会计机构。

第四十八条 原始凭证的基本要求是：

（一）原始凭证的内容必须具备：凭证的名称；填制凭证的日期；填制凭证单位名称或者填制人姓名；经办人员的签名或者盖章；接受凭证单位名称；经济业务内容；数量、单价和金额。

（二）从外单位取得的原始凭证，必须盖有填制单位的公章；从个人取得的原始凭证，必须有填制人员的签名或者盖章。自制原始凭证必须有经办单位领导人或者其指定的人员签名或者盖章。对外开出的原始凭证，必须加盖本单位公章。

（三）凡填有大写和小写金额的原始凭证，大写与小写金额必须相符。购买实物的原始凭证，必须有验收证明。支付款项的原始凭证，必须有收款单位和收款人的收款证明。

（四）一式几联的原始凭证，应当注明各联的用途，只能以一联作为报销凭证。

一式几联的发票和收据，必须用双面复写纸（发票和收据本身具备复写纸功能的除外）套写，并连续编号。作废时应当加盖“作废”戳记，连同存根一起保存，不得撕毁。

（五）发生销货退回的，除填制退货发票外，还必须有退货验收证明；退款时，必须取得对方的收款收据或者汇款银行的凭证，不得以退货发票代替收据。

（六）职工公出借款凭据，必须附在记账凭证之后。收回借款时，应当另开收据或者退还借据副本，不得退还原借款收据。

（七）经上级有关部门批准的经济业务，应当将批准文件作为原始凭证附件。如果批准文件需要单独归档的，应当在凭证上注明批准机关名称、日期和文件字号。

第四十九条 原始凭证不得涂改、挖补。发现原始凭证有错误的，应当由开出单位重开或者更正，更正处应当加盖开出单位的公章。

第五十条 会计机构、会计人员要根据审核无误的原始凭证填制记账凭证。

记账凭证可以分为收款凭证、付款凭证和转账凭证，也可以使用通用记账凭证。

第五十一条 记账凭证的基本要求是：

（一）记账凭证的内容必须具备：填制凭证的日期；凭证编号；经济业务摘要；会计科目；金额；所附原始凭证张数；填制凭证人员、稽核人员、记账人员、会计机构负责人、会计主管人员签名或者盖章。收款和付款记账凭证还应当由出纳人员签名或者盖章。

以自制的原始凭证或者原始凭证汇总表代替记账凭证的，也必须具备记账凭证应有的项目。

（二）填制记账凭证时，应当对记账凭证进行连续编号。一笔经济业务需要填制两张以上记账凭证的，可以采用分数编号法编号。

（三）记账凭证可以根据每一张原始凭证填制，或者根据若干张同类原始凭证汇总填制，也可以根据原始凭证汇总表填制。但不得将不同内容和类别的原始凭证汇总填制在一张记账凭证上。

（四）除结账和更正错误的记账凭证可以不附原始凭证外，其他记账凭证必须附有原始凭证。如果一张原始凭证涉及几张记账凭证，可以把原始凭证附在一张主要的记账凭证后面，并在其他记账凭证上注明附有该原始凭证的记账凭证的编号或者附原始凭证复印机。

一张原始凭证所列支出需要几个单位共同负担的，应当将其他单位负担的部分，开给对方原始凭证分割单，进行结算。原始凭证分割单必须具备原始凭证的基本内容：凭证名称、填制凭证日期、填制凭证单位名称或者填制人姓名、经办人的签名或者盖章、接受凭证单位名称、经济业务内容、数量、单价、金额和费用分摊情况等。

（五）如果在填制记账凭证时发生错误，应当重新填制。

已经登记入账的记账凭证，在当年内发现填写错误时，可以用红字填写一张与原内容相同的记账凭证，在摘要栏注明“注销某月某日某号凭证”字样，同时再用蓝字重新填制一张正确的记账凭证，注明“订正某月某日某号凭证”字样。如果会计科目没有错误，只是金额错误，也可以将正确数字与错误数字之间的差额，另编一张调整的记账凭证，调增金额用蓝字，调减金额用红字。发现以前年度记账凭证有错误的，应当用蓝字填制一张更正的记账凭证。

（六）记账凭证填制完经济业务事项后，如有空行，应当自金额栏最后一笔金额数字下的空行处至合计数上的空行处划线注销。

第五十二条 填制会计凭证，字迹必须清晰、工整，并符合下列要求：

（一）阿拉伯数字应当一个一个地写，不得连笔写。阿拉伯金额数字前面应当书写货币币种符号或者货币名称简写和币种符号。币种符号与阿拉伯金额数字之间不得留有空白。凡阿拉伯数字前写有币种符号的，数字后面不再写货币单位。

（二）所有以元为单位（其他货币种类为货币基本单位，下同）的阿拉伯数字，除表示单价等情况外，一律填写到角分；无角分的，角位和分位可写“00”，或者符号“——”；有角无分的，分位应当写“0”，不得用符号“——”代替。

（三）汉字大写数字金额如零、壹、贰、叁、肆、伍、陆、柒、捌、玖、拾、佰、仟、万、亿等，一律用正楷或者行书体书写，不得用0、一、二、三、四、

五、六、七、八、九、十等简化字代替，不得任意自造简化字。大写金额数字到元或者角为止的，在“元”或者“角”字之后应当写“整”字或者“正”字；大写金额数字有分的，“分”字后面不写“整”或者“正”字。

（四）大写金额数字前未印有货币名称的，应当加填货币名称，货币名称与金额数字之间不得留有空白。

（五）阿拉伯金额数字中间有“0”时，汉字大写金额要写“零”字；阿拉伯数字金额中间连续有几个“0”时，汉字大写金额中可以只写一个“零”字；阿拉伯金额数字元位是“0”，或者数字中间连续有几个“0”、元位也是“0”但角位不是“0”时，汉字大写金额可以只写一个“零”字，也可以不写“零”字。

第五十三条 实行会计电算化的单位，对于机制记账凭证，要认真审核，做到会计科目使用正确，数字准确无误。打印出的机制记账凭证要加盖制单人员、审核人员、记账人员及会计机构负责人、会计主管人员印章或者签字。

第五十四条 各单位会计凭证的传递程序应当科学、合理，具体办法由各单位根据会计业务需要自行规定。

第五十五条 会计机构、会计人员要妥善保管会计凭证。

（一）会计凭证应当及时传递，不得积压。

（二）会计凭证登记完毕后，应当按照分类和编号顺序保管，不得散乱丢失。

（三）记账凭证应当连同所附的原始凭证或者原始凭证汇总表，按照编号顺序，折叠整齐，按期装订成册，并加具封面，注明单位名称、年度、月份和起讫日期、凭证种类、起讫号码，由装订人在装订线封签外签名或者盖章。

对于数量过多的原始凭证，可以单独装订保管，在封面上注明记账凭证日期、编号、种类，同时在记账凭证上注明“附件另订”和原始凭证名称及编号。

各种经济合同、存出保证金收据以及涉外文件等重要原始凭证，应当另编目录，单独登记保管，并在有关的记账凭证和原始凭证上相互注明日期和编号。

（四）原始凭证不得外借，其他单位如因特殊原因需要使用原始凭证时，经本单位会计机构负责人、会计主管人员批准，可以复制。向外单位提供的原始凭证复制件，应当在专设的登记簿上登记，并由提供人员和收取人员共同签名或者盖章。

（五）从外单位取得的原始凭证如有遗失，应当取得原开出单位盖有公章的证明，并注明原来凭证的号码、金额和内容等，由经办单位会计机构负责人、会计主管人员和单位领导人批准后，才能代作原始凭证。如果确实无法取得证明的，如火车、轮船、飞机票等凭证，由当事人写出详细情况，由经办单位会计机构负责人、会计主管人员和单位领导人批准后，代作原始凭证。

第三节 登记会计账簿

第五十六条 各单位应当按照国家统一会计制度的规定和会计业务的需要设

置会计账簿。会计账簿包括总账、明细账、日记账和其他辅助性账簿。

第五十七条 现金日记账和银行存款日记账必须采用订本式账簿。不得用银行对账单或者其他方法代替日记账。

第五十八条 实行会计电算化的单位，用计算机打印的会计账簿必须连续编号，经审核无误后装订成册，并由记账人员和会计机构负责人、会计主管人员签字或者盖章。

第五十九条 启用会计账簿时，应当在账簿封面上写明单位名称和账簿名称。在账簿扉页上应当附启用表，内容包括：启用日期、账簿页数、记账人员和会计机构负责人、会计主管人员姓名，并加盖名章和单位公章。记账人员或者会计机构负责人、会计主管人员调动工作时，应当注明交接日期、接办人员或者监交人员姓名，并由交接双方人员签名或者盖章。

启用订本式账簿，应当从第一页到最后一页顺序编定页数，不得跳页、缺号。使用活页式账页，应当按账户顺序编号，并须定期装订成册。装订后再按实际使用的账页顺序编定页码。另加目录，记明每个账户的名称和页次。

第六十条 会计人员应当根据审核无误的会计凭证登记会计账簿。登记账簿的基本要求是：

（一）登记会计账簿时，应当将会计凭证日期、编号、业务内容摘要、金额和其他有关资料逐项记入账内，做到数字准确、摘要清楚、登记及时、字迹工整。

（二）登记完毕后，要在记账凭证上签名或者盖章，并注明已经登账的符号，表示已经记账。

（三）账簿中书写的文字和数字上面要留有适当空格，不要写满格；一般应占格距的二分之一。

（四）登记账簿要用蓝黑墨水或者碳素墨水书写，不得使用圆珠笔（银行的复写账簿除外）或者铅笔书写。

（五）下列情况，可以用红色墨水记账：

1. 按照红字冲账的记账凭证，冲销错误记录；

2. 在不设借贷等栏的多栏式账页中，登记减少数；

3. 在三栏式账户的余额栏前，如未印明余额方向的，在余额栏内登记负数余额；

4. 根据国家统一会计制度的规定可以用红字登记的其他会计记录。

（六）各种账簿按页次顺序连续登记，不得跳行、隔页。如果发生跳行、隔页，应当将空行、空页划线注销，或者注明“此行空白”“此页空白”字样，并由记账人员签名或者盖章。

（七）凡需要结出余额的账户，结出余额后，应当在“借或贷”等栏内写明“借”或者“贷”等字样。没有余额的账户，应当在“借或贷”等栏内写“平”字，并在余额栏内用“Q”表示。

现金日记账和银行存款日记账必须逐日结出余额。

（八）每一账页登记完毕结转下页时，应当结出本页合计数及余额，写在本页最后一行和下页第一行有关栏内，并在摘要栏内注明“过次页”和“承前页”字样；也可以将本页合计数及金额只写在下页第一行有关栏内，并在摘要栏内注明“承前页”字样。

对需要结计本月发生额的账户，结计“过次页”的本页合计数应当为自本月初起至本页末止的发生额合计数；对需要结计本年累计发生额的账户，结计“过次页”的本页合计数应当为自年初起至本页末止的累计数；对既不需要结计本月发生额也不需要结计本年累计发生额的账户，可以只将每页末的余额结转次页。

第六十一条 实行会计电算化的单位发生收款和付款业务的，在输入收款凭证和付款凭证的当天必须将现金日记账和银行存款日记账与库存现金核对无误。

第六十二条 账簿记录发生错误，不准涂改、挖补、刮擦或者用药水消除字迹，不准重新抄写，必须按照下列方法进行更正：

（一）登记账簿时发生错误，应当将错误的文字或者数字划红线注销，但必须使原有字迹仍可辨认；然后在划线上方填写正确的文字或者数字，并由记账人员在更正处盖章。对于错误的数字，应当全部划红线更正，不得只更正其中的错误数字。对于文字错误，可只划去错误的部分。

（二）由于记账凭证错误而使账簿记录发生错误，应当按更正的记账凭证登记账簿。

第六十三条 各单位应当定期对会计账簿记录的有关数字与库存实物、货币资金、有价证券、往来单位或者个人等进行相互核对，保证账证相符、账账相符、账实相符。对账工作每年至少进行一次。

（一）账证核对。核对会计账簿记录与原始凭证、记账凭证的时间、凭证字号、内容、金额是否一致，记账方向是否相符。

（二）账账核对。核对不同会计账簿之间的账簿记录是否相符，包括：总账有关账户的余额核对，总账与明细账核对，总账与日记账核对，会计部门的财产物资明细账与财产物资保管和使用部门的有关明细账核对等。

（三）账实核对。核对会计账簿记录与财产等实有数额是否相符。包括：现金日记账账面余额与现金实际库存数相核对；银行存款日记账账面余额定期与银行对账单相核对；各种财物明细账账面余额与财物实存数额相核对；各种应收、应付款明细账账面余额与有关债务、债权单位或者个人核对等。

第六十四条 各单位应当按照规定定期结账。

（一）结账前，必须将本期内所发生的各项经济业务全部登记入账。

（二）结账时，应当结出每个账户的期末余额。需要结出当月发生额的，应当在摘要栏内注明“本月合计”字样，并在下面通栏划单红线。需要结出本年累计发生额的，应当在摘要栏内注明“本年累计”字样，并在下面通栏划单红线；12月末的“本年累计”就是全年累计发生额。全年累计发生额下面应当通栏划双红线。年度终了结账时，所有总账账户都应当结出全年发生额和年末余额。

（三）年度终了，要把各账户的余额结转到下一会计年度，并在摘要栏注明“结转下年”字样；在下一会计年度新建有关会计账簿的第一行余额栏内填写上年结转的余额，并在摘要栏注明“上年结转”字样。

第四节　编制财务报告

第六十五条　各单位必须按照国家统一会计制度的规定，定期编制财务报告。

财务报告包括会计报表及其说明。会计报表包括会计报表主表、会计报表附表、会计报表附注。

第六十六条　各单位对外报送的财务报告应当根据国家统一会计制度规定的格式和要求编制。

单位内部使用的财务报告，其格式和要求由各单位自行规定。

第六十七条　会计报表应当根据登记完整、核对无误的会计账簿记录和其他有关资料编制，做到数字真实、计算准确、内容完整、说明清楚。

任何人不得篡改或者授意、指使、强令他人篡改会计报表的有关数字。

第六十八条　会计报表之间、会计报表各项目之间，凡有对应关系的数字，应当相互一致。本期会计报表与上期会计报表之间有关的数字应当相互衔接。如果不同会计年度会计报表中各项目的内容和核算方法有变更的，应当在年度会计报表中加以说明。

第六十九条　各单位应当按照国家统一会计制度的规定认真编写会计报表附注及其说明，做到项目齐全，内容完整。

第七十条　各单位应当按照国家规定的期限对外报送财务报告。

对外报送的财务报告，应当依次编写页码，加具封面，装订成册，加盖公章。封面上应当注明：单位名称，单位地址，财务报告所属年度、季度、月度，送出日期，并由单位领导人、总会计师、会计机构负责人、会计主管人员签名或者盖章。

单位领导人对财务报告的合法性、真实性负法律责任。

第七十一条　根据法律和国家有关规定应当对财务报告进行审计的，财务报告编制单位应当先行委托注册会计师进行审计，并将注册会计师出具的审计报告随同财务报告按照规定的期限报送有关部门。

第七十二条　如果发现对外报送的财务报告有错误，应当及时办理更正手续。除更正本单位留存的财务报告外，并应同时通知接受财务报告的单位更正。错误较多的，应当重新编报。

第四章　会计监督

第七十三条　各单位的会计机构、会计人员对本单位的经济活动进行会计监督。

第七十四条　会计机构、会计人员进行会计监督的依据是：

（一）财经法律、法规、规章；

（二）会计法律、法规和国家统一会计制度；

（三）各省、自治区、直辖市财政厅（局）和国务院业务主管部门根据《中华人民共和国会计法》和国家统一会计制度制定的具体实施办法或者补充规定；

（四）各单位根据《中华人民共和国会计法》和国家统一会计制度制定的单位内部会计管理制度；

（五）各单位内部的预算、财务计划、经济计划、业务计划等。

第七十五条　会计机构、会计人员应当对原始凭证进行审核和监督。

对不真实、不合法的原始凭证，不予受理。对弄虚作假、严重违法的原始凭证，在不予受理的同时，应当予以扣留，并及时向单位领导人报告，请求查明原因，追究当事人的责任。

对记载不准确、不完整的原始凭证，予以退回，要求经办人员更正、补充。

第七十六条　会计机构、会计人员对伪造、变造、故意毁灭会计账簿或者账外设账行为，应当制止和纠正；制止和纠正无效的，应当向上级主管单位报告，请求作出处理。

第七十七条　会计机构、会计人员应当对实物、款项进行监督，督促建立并严格执行财产清查制度。发现账簿记录与实物、款项不符时，应当按照国家有关规定进行处理。超出会计机构、会计人员职权范围的，应当立即向本单位领导报告，请求查明原因，作出处理。

第七十八条　会计机构、会计人员对指使、强令编造、篡改财务报告行为，应当制止和纠正；制止和纠正无效的，应当向上级主管单位报告，请求处理。

第七十九条　会计机构、会计人员应当对财务收支进行监督。

（一）对审批手续不全的财务收支，应当退回，要求补充、更正。

（二）对违反规定不纳入单位统一会计核算的财务收支，应当制止和纠正。

（三）对违反国家统一的财政、财务、会计制度规定的财务收支，不予办理。

（四）对认为是违反国家统一的财政、财务、会计制度规定的财务收支，应当制止和纠正；制止和纠正无效的，应当向单位领导人提出书面意见请求处理。

单位领导人应当在接到书面意见起十日内作出书面决定，并对决定承担责任。

（五）对违反国家统一的财政、财务、会计制度规定的财务收支，不予制止和纠正，又不向单位领导人提出书面意见的，也应当承担责任。

（六）对严重违反国家利益和社会公众利益的财务收支，应当向主管单位或者财政、审计、税务机关报告。

第八十条 会计机构、会计人员对违反单位内部会计管理制度的经济活动，应当制止和纠正；制止和纠正无效的，向单位领导人报告，请求处理。

第八十一条 会计机构、会计人员应当对单位制定的预算、财务计划、经济计划、业务计划的执行情况进行监督。

第八十二条 各单位必须依照法律和国家有关规定接受财政、审计、税务等机关的监督，如实提供会计凭证、会计账簿、会计报表和其他会计资料以及有关情况，不得拒绝、隐匿、谎报。

第八十三条 按照法律规定应当委托注册会计师进行审计的单位，应当委托注册会计师进行审计，并配合注册会计师的工作，如实提供会计凭证、会计账簿、会计报表和其他会计资料以及有关情况，不得拒绝、隐匿、谎报，不得示意注册会计师出具不当的审计报告。

第五章 内部会计管理制度

第八十四条 各单位应当根据《中华人民共和国会计法》和国家统一会计制度的规定，结合单位类型和内容管理的需要，建立健全相应的内部会计管理制度。

第八十五条 各单位制定内部会计管理制度应当遵循下列原则：

（一）应当执行法律、法规和国家统一的财务会计制度。

（二）应当体现本单位的生产经营、业务管理的特点和要求。

（三）应当全面规范本单位的各项会计工作，建立健全会计基础，保证会计工作的有序进行。

（四）应当科学、合理，便于操作和执行。

（五）应当定期检查执行情况。

（六）应当根据管理需要和执行中的问题不断完善。

第八十六条 各单位应当建立内部会计管理体系。主要内容包括：单位领导人、总会计师对会计工作的领导职责；会计部门及其会计机构负责人、会计主管人员的职责、权限；会计部门与其他职能部门的关系；会计核算的组织形式等。

第八十七条 各单位应当建立会计人员岗位责任制度。主要内容包括：会计人员的工作岗位设置；各会计工作岗位的职责和标准；各会计工作岗位的人员和具体分工；会计工作岗位轮换办法；对各会计工作岗位的考核办法。

第八十八条 各单位应当建立账务处理程序制度。主要内容包括：会计科目及其明细科目的设置和使用；会计凭证的格式、审核要求和传递程序；会计核算方法；会计账簿的设置；编制会计报表的种类和要求；单位会计指标体系。

第八十九条 各单位应当建立内部牵制制度。主要内容包括：内部牵制制度的原则；组织分工；出纳岗位的职责和限制条件；有关岗位的职责和权限。

第九十条 各单位应当建立稽核制度。主要内容包括：稽核工作的组织形式和具体分工；稽核工作的职责、权限；审核会计凭证和复核会计账簿、会计报表的方法。

第九十一条 各单位应当建立原始记录管理制度。主要内容包括：原始记录的内容和填制方法；原始记录的格式；原始记录的审核；原始记录填制人的责任；原始记录签署、传递、汇集要求。

第九十二条 各单位应当建立定额管理制度。主要内容包括：定额管理的范围；制定和修订定额的依据、程序和方法；定额的执行；定额考核和奖惩办法等。

第九十三条 各单位应当建立计量验收制度。主要内容包括：计量检测手段和方法；计量验收管理的要求；计量验收人员的责任和奖惩办法。

第九十四条 各单位应当建立财产清查制度。主要内容包括：财产清查的范围；财产清查的组织；财产清查的期限和方法；对财产清查中发现问题的处理办法；对财产管理人员的奖惩办法。

第九十五条 各单位应当建立财务收支审批制度。主要内容包括：财务收支审批人员和审批权限；财务收支审批程序；财务收支审批人员的责任。

第九十六条 实行成本核算的单位应当建立成本核算制度。主要内容包括：成本核算的对象；成本核算的方法和程序；成本分析等。

第九十七条 各单位应当建立财务会计分析制度。主要内容包括：财务会计分析的主要内容；财务会计分析的基本要求和组织程序；财务会计分析的具体方法；财务会计分析报告的编写要求等。

第六章 附 则

第九十八条 本规范所称国家统一会计制度，是指由财政部制定，或者财政部与国务院有关部门联合制定，或者经财政部审核批准的在全国范围内统一执行的会计规章、准则、办法等规范性文件。

本规范所称会计主管人员，是指不设置会计机构、只在其他机构中设置专职会计人员的单位行使会计机构负责人职权的人员。

本规范第三章第二节和第三节关于填制会计凭证、登记会计账簿的规定，除特别指出外，一般适用于手工记账。实行会计电算化的单位，填制会计凭证和登记会计账簿的有关要求，应当符合财政部关于会计电算化的有关规定。

第九十九条 各省、自治区、直辖市财政厅（局）、国务院各业务主管部门可以根据本规范的原则，结合本地区、本部门的具体情况，制定具体实施办法，报财政部备案。

第一百条 本规范由财政部负责解释、修改。

第一百零一条 本规范自公布之日起实施。1984 年 4 月 24 日财政部发布的《会计人员工作规则》同时废止。

会计实务模拟实训资料

一、宏伟工厂2018年11月30日各总账及明细账期末资料

1. 账户余额

表1 账户余额表 单位：元

总账科目	二级及明细账户	借方金额		贷方金额	
		总账余额	明细账余额	总账余额	明细账余额
库存现金		1 800.00			
	现金日记账		1 800.00		
银行存款		714 773.55			
	银行存款日记账		714 773.55		
其他货币资金		9 500.00			
	外埠存款		9 500.00		
交易性金融资产		72 000.00			
	成本		72 000.00		
应收股利	应收股利	8 000.00	8 000.00		
应收票据		99 300.00			
	A公司		80 000.00		
	B公司		19 300.00		
应收账款		123 500.00			
	A公司		44 640.00		
	B公司		60 460.00		
	C公司		18 400.00		
坏账准备				494.00	
	坏账准备				494.00
预付账款				2 000.00	
	围城公司				2 000.00
其他应收款		2 405.00			
	江军		1 500.00		
	总务科		905.00		
材料采购		49 255.00			
	原材料		49 255.00		
原材料		423 200.00			
	原料及主要材料		375 100.00		
	其他材料		48 100.00		

续前表

总账科目	二级及明细账户	借方金额		贷方金额	
		总账余额	明细账余额	总账余额	明细账余额
周转材料		49 200.00			
	包装物		10 000.00		
	低值易耗品		39 200.00		
材料成本差异		10 964.32			
	原材料		10 622.32		
	包装物				50.00
	低值易耗品		392.00		
库存商品		449 548.00			
	1 号产品		98 588.00		
	2 号产品		350 960.00		
固定资产		4 236 198.00			
	生产用固定资产		2 111 921.00		
	非生产用固定资产		1 474 277.00		
	不需用固定资产		450 000.00		
	融资租入固定资产		200 000.00		
累计折旧				519 730.00	
	累计折旧				519 730.00
在建工程		38 000.00			
	车床安装工程		38 000.00		
无形资产		154 270.00			
	专利权		132 000.00		
	非专利技术		22 270.00		
生产成本		4 031.73			
	基本生产成本		4 031.73		
	1 号产品		1 576.07		
	2 号产品		2 455.66		
短期借款				511 485.98	
	短期借款				511 485.98
应付票据				1 000.00	
	江城公司				1 000.00
应付账款				55 099.20	
	江城公司				19 400.00
	电力局				24 332.00
	自来水公司				11 367.20

续前表

总账科目	二级及明细账户	借方金额		贷方金额	
		总账余额	明细账余额	总账余额	明细账余额
预收账款				1 000.00	
	红光公司		3 000.00		
	钱江公司				4 000.00
其他应付款				800.00	
	大兴公司				800.00
应付职工薪酬				13 198.00	
	职工福利				5 998.00
	职工教育经费				6 000.00
	工会经费				1 200.00
应交税费				27 487.84	
	应交城市维护建设税				775.51
	应交所得税				15 301.21
	未交增值税				11 078.76
	教育费附加				332.36
长期借款				127 141.00	
	长期借款				127 141.00
长期应付款				105 000.00	
	融资租入固定资产租赁费				105 000.00
实收资本				4 350 758.00	
	国家投资				2 750 000.00
	新华大世界公司				1 600 758.00
资本公积				41 394.00	
	其他资本公积				41 394.00
盈余公积				260 797.58	
	法定盈余公积				247 753.58
	任意盈余公积				13 044.00
利润分配		219 440.00			
	提取法定盈余公积		45 776.00		
	应付普通股股利		173 664.00		
本年利润				648 000.00	
	本年利润				648 000.00
合　计		6 665 385.60		6 665 385.60	

2. 原材料明细账余额

表 2 **原材料明细账余额表** 金额单位：元

品名		规格	单位	数量	单价	金额
原料及主要材料	甲材料		千克	25 000	2.24	56 000.00
	乙材料		千克	35 000	1.64	57 400.00
	丙材料		千克	15 000	16.00	240 000.00
	修理用备件		件	15 500	1.40	21 700.00
其他辅助材料				略		48 100.00
合计						423 200.00

3. 库存商品明细账余额

表 3 **库存商品明细账余额表** 金额单位：元

产品名称	规格	单位	数量	单位成本	金额
1 号产品		件	5 030	19.60	98 588.00
2 号产品		件	6 560	53.50	350 960.00
合计					449 548.00

说明：假定库存商品明细账平时均不登记，月终根据汇总资料登记。

4. 材料采购明细账借方金额

表 4 **材料采购明细账借方金额表** 金额单位：元

项目	借方				
	数量	价格	买价	运杂费	合计
甲材料	3 885 千克	2.00	7 770.00	192.50	7 962.50
乙材料	6 500 千克	1.59	10 335.00	357.50	10 692.50
丙材料	1 400 千克	15.65	21 910.00	1 190.00	23 100.00
燃料	2 吨	1 250.00	2 500.00	500.00	3 000.00
其他材料	—	—	4 400.00	100.00	4 500.00
合计	—	—	46 915.00	2 340.00	49 255.00

5. 生产成本明细账余额

表 5 **生产成本明细账余额表** 金额单位：元

产品名称	月初结存（数量）	成本项目			
		直接材料	直接人工	制造费用	合计
1 号产品	80 件	841.42	212.21	522.44	1 576.07
2 号产品	80 件	1 616.90	210.19	628.57	2 455.66
合计	—	2 458.32	422.40	1 151.01	4 031.73

二、宏伟工厂2018年12月经济业务

（1）1日，开出现金支票一张，向银行提取现金1 000元。（附表1－1）

（2）1日，以汇兑（电汇）结算方式向围城公司预付货款50 000元，要求：填制银行电汇凭证。围城公司开户银行：工行洪湖分行洪山区支行，账号：102432。（附表2－1、附表2－2）

（3）2日，上月向江城公司购入甲材料5 000千克，乙材料5 000千克，如数验收入库，承付总价款22 590元。要求：填制材料入库单。（附表3－1至附表3－5）

（4）2日，收到B公司交来的转账支票一张，金额60 460.00元，用以归还上月所欠货款，支票已送交银行。B公司开户银行：工行高新区支行。（附表4－1）

（5）2日，11月23日委托银行向A公司收取的销售1号产品的价款44 640元已收入账。（附表5－1）

（6）3日，上月向围城公司购入的丙材料，已收到并验收入库。丙材料来料数1 400千克，实收数1 400千克，实际成本23 100元。要求：填制材料入库单。（附表6－1）

（7）4日，向江城公司购入甲材料、乙材料和其他材料一批，发票已收到，总价款25 520元，价款签发并承兑为期3个月的商业承兑汇票付给，材料未收到。要求：填制商业承兑汇票。江城公司开户银行：工行黄河支行，账号：337876，合同号码：941401号。（附表7－1、附表7－2）

（8）5日，上月向省石油公司购入的汽油，已收到并验收入库。汽油来料数2吨，实收数2吨，计划成本3 000元。要求：填制材料入库单。（附表8－1）

（9）5日，向A公司出售1号产品800件，2号产品200件，总价款53 360元。收到转账支票，并经银行收讫盖章。（附表9－1、附表9－2）

（10）6日，以银行存款上缴11月份增值税、城市维护建设税和教育费附加及欠交的所得税。（附表10－1至附表10－4）

（11）7日，向B公司出售1号产品1 400件，2号产品2 700件，总价款278 748元；收到B公司交来金额285 000元背书转让的银行汇票一张，多余数6 252元，当即开出转账支票退还。要求：签发退还余额的转账支票。B公司开户银行：高新区支行。（附表11－1至附表11－3）

（12）7日，仓库一栋，不能继续使用，申请报废，经审批同意报废。仓库原值100 000元，已提折旧80 000元。（附表12－1）

（13）8日，长安区新华街道开来收据，要求支付描图费88元，当即以现金支付。（附表13－1）

（14）8日，勤丰电器厂开来收据，收取企业包装物的押金500元，开出转账支票付讫。要求：填制转账支票。勤丰电器厂开户银行：新城支行，账号：

020178。(附表 14－1、附表 14－2)

(15) 8 日，新建服务队开来发票，要求支付机修车间房屋维修费用 200 元，以现金付给。(附表 15－1)

(16) 8 日，收到兴利机械厂开来转账支票一张，金额 14 600 元，系仓库报废残值收入。要求：出具收款收据。(附表 16－1、附表 16－2)

(17) 8 日，上月向江城公司购入的其他材料，收到并验收入库，总价 4 400 元，运杂费 100 元，合计 4 500 元，该批其他材料计划成本 4 500 元。要求：填制材料入库单。(附表 17－1)

(18) 9 日，本月 3 日向金城公司购入甲材料和丙材料一批，甲材料 1 350 千克，单价 2 元，丙材料 250 千克，单价 15 元，税率 16%，运费 258 元。发票账单收到，材料也已验收入库，开具转账支票承付全部价款。要求：填制转账支票、材料入库单。(附表 18－1 至附表 18－5)

(19) 9 日，市电视台开来收据，要求支付广告费 20 000 元，开具转账支票付给。要求：填制转账支票。市电视台开户银行：新街支行，账号：008319。(附表 19－1、附表 19－2)

(20) 9 日，本月 5 日经批准委托省证券公司发行 5 年期债券 10 000 张，现发行完毕，收到省证券公司划入的债券款 1 100 000 元。要求：开具收款收据。(附表 20－1 至附表 20－3)

(21) 10 日，以现金支付职工冯强在省工学院的培训学费 500 元。(附表 21－1)

(22) 10 日，向光华工厂出售丙材料 200 千克，材料发出，开具转账支票支付代垫运杂费 200 元，开出发票并向银行办妥托收手续（托收承付方式）。要求：填开托收承付凭证，签发支付代垫运杂费的转账支票。四通铁路局开户银行：江新支行，账号：086857；光华工厂开户银行：河丰支行，账号：032178。(附表 22－1 至附表 22－4)

(23) 10 日，新华安装工程队承包的车床安装工程已竣工交付使用，签发转账支票支付安装工程费 6 000 元，并结转固定资产。要求：填制转账支票。新华安装工程队开户银行：洪山区支行，账号：012568。(附表 23－1 至附表 23－3)

(24) 10 日，以汇兑结算方式（电汇）向上海利达外贸公司支付合同违约金 2 800 元，要求：填具电汇结算凭证。上海利达外贸公司开户银行：虹口区支行，账号：013608。(附表 24－1、附表 24－2)

(25) 10 日，签发转账支票，向工会拨付工会经费 1 200 元。要求：填制转账支票。厂工会开户银行：洪山区支行，账号：008789。(附表 25－1、附表 25－2)

(26) 11 日，生产技术组周明、江群去外地参加生产技术会，预借差旅费 2 000 元，签发现金支票付给。(附表 26－1、附表 26－2)

(27) 12 日，本月 5 日向围城公司购入甲材料 2 500 千克，丙材料 3 500 千克，总价款 65 227.50 元，代垫运杂费 2 650 元。12 月 1 日已预付 50 000 元，上月欠围城公司2 000元（“预付账款”账户贷方余额），结算差额19 320.00元，开具转账支票如数承付。要求：填制转账支票，填制材料入库单。（附表27－1至附表27－5）

（28）12日，向西南公司发售1号产品920件，2号产品2 100件，签发转账支票支付储运公司，代垫运费2 247.90元。货款及代垫运费采用托收承付方式结算。要求：填制转账支票，填制托收承付结算凭证。储运公司开户银行：江新支行，账号：005857。西南公司开户银行：山城区支行，账号：446978。（附表28－1至附表28－4）

（29）12日，B公司承兑的一张商业汇票到期，如数收到票据款19 300元。（附表29－1）

（30）12日，向省证券公司购入同日发行的两年期公司债券50 000元，支付手续费250元，签发转账支票付给。要求：填制转账支票。证券公司开户银行：新街支行，账号：008117。（附表30－1、附表30－2）

（31）13日，总务科实行定额备用金制度，报销管理费用支出480元，补足备用金定额。（附表31－1、附表31－2）

（32）13日，医务室向市医药公司购买药品及器械，货款及增值税3 456.80元，签发转账支票付给。要求：填制转账支票。市医药公司开户银行：城西支行，账号：010558。（附表32－1、附表32－2）

（33）14日，以现金购买印花税票150元。（附表33－1）

（34）14日，江军、李超群出差回厂，报销差旅费1 578元，之前预借差旅费1 500元，差额以现金补给。（附表34－1）

（35）14日，根据工资结算汇总表，按实发工资数签发现金支票提取现金，并按工资结算汇总表发放工资。（附表35－1、附表35－2）

（36）14日，签发现金支票支付代扣养老保险金5 091元、医疗保险金6 255元、失业保险金5 504元。（附表36－1）

（37）14日，按本月发放工资分配结转本月工资。要求：填写工资费用分配表。（附表37－1、附表37－2）

（38）14日，按工资总额的2%提取工会经费。要求：填写工会费计提表。（附表38－1）

（39）15日，向市机电公司出售甲材料1 500千克，计价税款6 003.00元，收到市机电公司交来的转账支票一张。（附表39－1、附表39－2）

（40）17日，将A公司签发的银行承兑汇票，向银行申请贴现，票面年利率6%，贴现年利率10%，已收到贴现款。（附表40－1）

（41）17日，签发转账支票给长丰建安公司，支付车间扩建工程承包款150 000元。要求：填制转账支票。长丰建安公司开户银行：城南支行，账号：021258。（附表41－1、附表41－2）

（42）17日，向C公司销售1号产品500件，价税款23 490.00元。签发转账支票支付代垫运杂费 720 元（城南运输公司开户银行：沪新支行，账号：002589）。价款及代垫运杂费，采用托收承付结算方式结算。要求：填制转账支票，填制托收承付凭证。C 公司开户银行：新河区支行，账号：325971。（附表 42 - 1 至附表 42 - 4）

（43）18 日，出租办公用房 5 间，结转租出固定资产。（附表 43 - 1）

（44）18 日，收到科龙公司交来的转账支票一张，系出租办公用房 5 间的当月租金 2 600 元。要求：开具收款收据（不考虑相关增值税费）。（附表 44 - 1、附表 44 - 2）

（45）18 日，向 B 公司出售 1 号产品 1 500 件，2 号产品 584 件，价税款总计 116 535.92 元。收到 B 公司签发并经银行承兑的商业汇票一张。（附表 45 - 1 至附表 45 - 3）

（46）19 日，向四明工厂租入车间生产用设备一台，原值 90 000 元，租赁开始日为 12 月 19 日，租赁期为 3 年，租金总额为 28 800 元，租赁开始日签发转账支票先预付租金 20 000 元，租赁期满时再支付租金 8 800 元。要求：填制转账支票（本年租金结转暂不考虑）。四明工厂开户银行：城西支行，账号：050081。（附表 46 - 1 至附表 46 - 3）

（47）19 日，签发转账支票支付申请自创专利权注册登记及律师公证费 3 000 元。要求：填制转账支票。专利局开户银行：城南支行，账号：021367。（附表 47 - 1 至附表 47 - 3）

（48）20 日，本月 16 日出售闲置机器设备一台，今收到长江工厂签发的转账支票一张，价款 38 000 元。要求：开具收款收据（不考虑固定资产转让相关税费）。（附表 48 - 1 至附表 48 - 4）

（49）20 日，对向四明工厂租入的固定资产进行改良，现改良工程完工，结算工程款 36 000 元，以转账支票支付。要求：填制转账支票。（附表 49 - 1、附表 49 - 2）

（50）20 日，签发现金支票提取现金 1 000 元备用。（附表 50 - 1）

（51）20 日，以现金支付来客招待费 500 元。（附表 51 - 1）

（52）20 日，向新华机械厂转让技术使用权，收到转让技术使用权收入 45 000 元，收到电汇凭证一张。要求：填制收款收据。（附表 52 - 1、附表 52 - 2）

（53）21 日，以现金支付职工孙平生活困难补助 200 元。（附表 53 - 1）

（54）21 日，本月 12 日发售给西南公司的产品，1 号产品多发 100 件（合同是 820 件，12 日实际发 920 件，即销售专用发票上是 920 件），2 号产品少发 100 件（合同是 2 100 件，12 日实际发 2 000 件，即销售专用发票上是 2 100 件），产品不补发，差价、增值税税额及应负担的运费（列入销售费用）对方拒付，予以结转，其余价款对方已承付并划入银行存款账户。（附表 54 - 1 至附表 54 - 3）

（55）21 日，周明、江群出差回来，报销差旅费 1 880 元，收回余款，结清预借款。（附表 55 - 1、附表 55 - 2）

（56）22 日，收到市商业公司交来的转账支票一张，系付仓库租金 3 000 元。要求：开具收款收据。（附表 56 - 1、附表 56 - 2）

(57) 22日，收到市电力公司电费结算单和银行付款通知，结付上月电费。(附表57-1、附表57-2)

(58) 22日，签发银行汇票委托书，向广东佛山南科公司汇出购料款10 000元。要求：填制银行汇票委托书。南科公司开户银行：新丰支行，账号：086947。(附表58-1)

(59) 23日，收到市自来水公司水费结算单，结付上月水费和本月排水设施使用费。(附表59-1至附表59-3)

(60) 24日，从江城公司购入甲、乙材料各4 000千克，材料如数验收入库，价款及税金总额18 082元如实承付。要求：填制材料入库单。(附表60-1至附表60-5)

(61) 24日，计提本月固定资产折旧。(附表61-1)

(62) 24日，计提本月出租固定资产的折旧。(附表62-1)

(63) 24日，收到未领取的短期股票投资现金股利8 000元，存入银行。(附表63-1)

(64) 25日，嘉中公司欠本单位的货款600元，上年已确认为坏账核销，现该单位已将款项汇入（电汇）银行存款账户。(附表64-1)

(65) 25日，C公司上月欠本单位货款18 400元已收回并存入银行。(附表65-1)

(66) 26日，从市五金公司购入手电钻（属低值易耗品），总价款438.48元，签发转账支票支付，手电钻计划成本为374元，物品验收入库。要求：填制转账支票，填制材料入库单。(附表66-1至附表66-3)

(67) 26日，收到环保监理站收款收据一张，要求支付排污费6 000元，签发转账支票付给。要求：填制转账支票。环保监理站开户银行：新街支行，账号：084675。(附表67-1、附表67-2)

(68) 27日，清查盘点材料，发现甲材料盘盈100千克、乙材料盘亏500千克，上报待处理（按上月实际材料成本差异率2.44%计算转账）。(附表68-1)

(69) 27日，清查盘点固定资产，盘盈车床一台。企业所得税税率为25%，按净利润的10%提取法定盈余公积。(附表69-1)

(70) 28日，业务科报销业务招待费2 794元，补足其备用金定额。(附表70-1)

(71) 28日，向江城公司购入甲材料3 000千克、乙材料3 000千克，货款、增值税税额及代垫运杂费共13 152元。采用为期6个月的银行承兑汇票结算，以现金支付银行承兑手续费53.04元，该项材料尚未验收入库。(附表71-1至附表71-5)

(72) 29日，签发转账支票向信财租赁公司支付融资租入固定资产租赁费5 000元。要求：填制转账支票。信财租赁公司开户银行：黄河支行，账号：010593。(附表72-1、附表72-2)

(73) 29日，从申达机械厂购入生产用设备一台，生产车间扩建工程（借款工程）用，验收入库待安装，价款及代垫运费当即承付（委托收款结算方式）。(附表73-1至附表73-3)

(74) 30 日，按审批意见转销财产盘盈、盘亏净损益。(附表 74－1)

(75) 30 日，本月 28 日向江城公司购入的甲材料、乙材料各 3 000 千克，收到并如数验收入库。要求：填制材料入库单。(附表 75－1)

(76) 30 日，接银行通知，本月短期借款利息 3 840 元已划付。(附表 76－1)

(77) 30 日，计提本年长期借款利息。(附表 77－1)

(78) 30 日，经核准将无法支付给大兴公司的其他应付款 800 元转为营业外收入。(附表 78－1)

(79) 31 日，结计年末应补提（或冲销）的坏账准备。要求：填制坏账准备计算表。(附表 79－1)

(80) 31 日，分配结转本月应摊销的无形资产。(附表 80－1)

(81) 31 日，根据计量仪表，计算并分配结转本月应付电费。(附表 81－1)

(82) 31 日，根据计量仪表，计算并分配结转本月应付水费。(附表 82－1)

(83) 31 日，分配并结转本月领用材料和包装物发生的费用。要求：填制发料凭证分配汇总表。(附表 83－1 至附表 83－3)

(84) 31 日，结转本月领用及摊销低值易耗品成本。(附表 84－1)

(85) 31 日，分配结转本月辅助生产费用。要求：填制辅助生产费用分配表。(附表 85－1、附表 85－2)

(86) 31 日，分配结转本月制造费用。要求：填制基本生产车间制造费用分配表。(附表 86－1)

(87) 31 日，计算并结转本月完工入库产品成本。要求：填制生产成本计算表。(附表 87－1 至附表 87－4)

(88) 31 日，结转本月已售产品销售成本。要求：填制产品销售汇总表。(附表 88－1)

(89) 31 日，向围城公司购入的甲材料 2 500 千克，丙材料 3 500 千克，已收到并验收入库，发票账单暂未收到，按计划成本暂估入账。(附表 89－1)

(90) 31 日，计算并结转本月应交增值税、城市维护建设税（税率为 7%）和教育费附加（征收率为 3%）。要求：填制相关税费计算表。(附表 90－1、附表 90－2)

(91) 31 日，结转损益类账户到“本年利润”账户。要求：填制内部转账单。(附表 91－1、附表 91－2)

(92) 31 日，计算并结转应交所得税。(附件略)

(93) 31 日，计算结转年终的税后利润分配。(附表 93－1)

(94) 31 日，年终结转本年利润额，将“本年利润”有关明细余额转入“利润分配——未分配利润”账户。(附件略)

(95) 31 日，年终结转本年已分配利润额，将“利润分配”有关其他明细账余额转入“利润分配——未分配利润”账户。(附件略)

(96) 31 日，根据 12 月份各总分类账户和明细分类账户有关余额，编制资产负债表、利润表。

三、宏伟工厂 2018 年 12 月企业原始凭证

附表 1-1

中国工商银行
现金支票存根

支票号码 NO 686721

附加信息

出票日期 2018 年 12 月 01 日

收款人：财务处	
金　额：1 000.00 元	
用　途：提现备用	
备　注：	

单位主管　　会计 李红

附表 2-1

中国工商银行**电汇凭证**（回　单）　1

□普通　□加急　　委托日期　年　月　日　　NO 20030033

汇款人	全　称				收款人	全　称				
	账　号 或地址					账　号 或地址				
	汇　出 地　点	省	市 县	汇出行 名　称		汇　入 地　点	省	市 县	汇入行 名　称	
金额	人民币 （大写）						千 百 十 万 千 百 十 元 角 分			
汇款用途：						汇出行盖章 年　月　日				
上列款项已根据委托办理；如需查询，请持此回单来行面洽。										
单位主管　会计　复核　记账										

中国工商银行
洪湖分行
洪山区支行
转
讫

此联是汇出行给汇款人的回单

附表 2-2

对方科目	
	字第 分号

收款收据

对方科目　　　　2018 年 12 月 01 日

交款单位	宏伟工厂
摘　要	预付货款
金　额	人民币（大写）伍万元整　　¥50 000.00

第三联 记账　　附件 张

围城公司 财务专用章

主管：张丽　　会计：　　业务：　　出纳：李平

附表 3-1

托收承付凭证（承付支款通知） 5

委托日期 2018 年 11 月 25 日

承付期限
到期 2018 年 12 月 2 日

付款人	全称	宏伟工厂	收款人	全称	江城公司	
	账号或地址	008768		账号或地址	337876	
	开户银行	洪山区支行		开户银行	黄河支行	行号 3309

托收金额	千	百	十	万	千	百	十	元	角	分
人民币（大写）贰万贰仟伍佰玖拾元整			¥	2	2	5	9	0	0	0

附件		商品发运情况	合同名称号码
附寄单证张数或册数	3		

备注	付款人注意：
电　划	1. 根据结算办法规定，上列托收款项，如超过期限拒付，即视同全部承付，如系全额支付即以此联代支款通知；如遇延付或部分支付时，再由银行另送延付部分的支款通知。 2. 如需提前承付或多承付时，应另写书面通知送银行办理。 3. 如系全部或部分拒付，应在承付期限内另填拒绝承付理由书送银行办理。

中国工商银行 洪湖分行 洪山区支行 转 讫

此联是付款人开户银行通知付款人承付货款的承付（ ）通知

单位主管：　　会计：　　复核：　　付款单位开户银行　2018 年 12 月 2 日

附表 3-2

浙江增值税专用发票

（印章：全国统一发票监制章 发票联 国家税务总局监制）

NO 5020010472

开票日期：2018 年 11 月 25 日

购买方	名　　称：宏伟工厂 纳税人识别号：310115123456789 地 址、电 话：洪湖市胜利路 100 号（69786520） 开户行及账号：工行洪湖市洪山区支行 008768				密码区	（略）	
货物或应税劳务、服务名称	规格型号	单　位	数　量	单　价	金　额	税率	税　额
甲材料		千克	5 000	2.20	11 000.00	16%	1 760.00
乙材料		千克	5 000	1.60	8 000.00	16%	1 280.00
合计					¥19 000.00		¥3 040.00
价税合计（大写）	⊗贰万贰仟零肆拾圆整　　（小写）¥22 040.00						
销售方	名　　称：江城公司 纳税人识别号：312117800218526 地 址、电 话：黄河区永陵路 78 号 开户行及账号：工行黄河支行 337876				备注	（印章：江城公司 312117800218526 发票专用章）	

收款人：陈明　　复核：陈明　　开票人：李海运　　销售方：（盖章）

第三联：发票联　购买方记账凭证

附表 3-3

汽车运费结算清单

2018 年 11 月 25 日　　第 4455 号

发货单位：江城公司	备注：代宏伟工厂垫付		
收货单位：宏伟工厂			
承运单位：天城汽车运输队	车号：4158 号	吨位：10 吨	里程：120 千米
货物件数：	运费：¥550	人民币（大写）：伍佰伍拾元整 （有关人员盖章）李海	

交委托单位

附表 3－4

材料采购运杂费分配表

2018 年 12 月 2 日　　分配标准：按重量比例

发货单位	江城公司			
材料名称	重量（千克）	分配率	分配金额（元）	备注
甲材料	5 000.00		275.00	
乙材料	5 000.00		275.00	
合　计	10 000.00	0.055	550.00	

会计主管：　　复核：　　制表：张运

附表 3－5

宏伟工厂材料入库单

年　月　日　　编号：10001

交来单位及部门		发票号码或生产单号码				验收仓库				
名称及规格	单位	数量		实际价格				计划价格		成本差异
		交库	实收	单价	金额	运杂费	合计	单价	金额	
合计										

第三联　记账联

验收保管：　　采购：　　制单：

附表 4－1

中国工商银行　转账支票　22335545

出票日期（大写）　贰零壹捌年壹拾贰月零贰日　　付款行名称：高新区支行

收款人：宏伟工厂　　出票人账号：356113

人民币（大写）	亿	千	百	十	万	千	百	十	元	角	分
陆万零肆佰陆拾元整				¥	6	0	4	6	0	0	0

本支票付款期限十天

用途：货款

上列款项请从

我账户内支付

出票人签章　B公司 财务专用章

科目（借）

对方科目（贷）

转账日期　年　月　日

复核　记账

中国工商银行 洪湖分行 高新区支行 转讫

附表 5－1

委托收款凭证（付款通知） 5

委托日期 2018 年 11 月 23 日

付款人	全称	A 公司	收款人	全称	宏伟工厂
	账号或地址	356233		账号或地址	008768
	开户银行	江海支行		开户银行	洪山区支行

委托金额	人民币（大写）	千	百	十	万	千	百	十	元	角	分
	肆万肆仟陆佰肆拾元整			¥	4	4	6	4	0	0	0

款项内容	销货款	委托收款凭证名称		附寄单证	3

备注：	上列款项： 1. 已全部划回收入你方账户。 2. 已收回部分款项收入你方账户。 3. 全部未收到。	中国工商银行 洪湖分行 江海支行 转 讫 （付款人开户银行盖章） 年 月 日

此联是付款人开户银行给付款人按期付款的通知

附表 6－1

宏伟工厂材料入库单

年 月 日 编号：10002

交来单位及部门		发票号码或生产单号码			验收仓库					
名称及规格	单位	数量		实际价格				计划价格		成本差异
		交库	实收	单价	金额	运杂费	合计	单价	金额	
合计										

验收保管： 采购： 制单：

第三联 记账联

附表 7-1

浙江增值税专用发票

全国统一发票监制章 发票联 国家税务总局监制

NO 5020010524

开票日期：2018 年 12 月 04 日

购买方	名　　称：宏伟工厂 纳税人识别号：310115123456789 地 址、电 话：洪湖市胜利路 100 号（69786520） 开户行及账号：工行洪湖市洪山区支行 008768				密码区	（略）	
货物或应税劳务、服务名称	规格型号	单位	数量	单价	金额	税率	税额
甲材料		千克	5 000	2.30	11 500.00	16%	1 840.00
乙材料		千克	5 000	1.80	9 000.00	16%	1 440.00
其他材料					1 500.00	16%	240.00
合计					¥22 000.00		¥3 520.00
价税合计（大写）	⊗贰万伍仟伍佰贰拾圆整				（小写）¥25 520.00		
销售方	名　　称：江城公司 纳税人识别号：312117800218526 地 址、电 话：黄河区永陵路 78 号 开户行及账号：工行黄河支行 337876				备注	江城公司 312117800218526 发票专用章	

收款人：陈明　　复核：陈明　　开票人：李海运　　销售方：（盖章）

第三联：发票联 购买方记账凭证

附表 7-2

商业承兑汇票（存根）　　5　　汇票号码

出票日期（大写）　　年　　月　　日　　　　第　　号

付款人	全　称		收款人	全　称		
	账　号			账　号		
	开户银行			开户银行		行号
汇票金额	人民币（大写）				亿 千 百 十 万 千 百 十 元 角 分	
汇票到期日（大写）	年　月　日		交易合同号码			
本汇票已经本单位承兑，到期日无条件支付票款。此致 收款人　　付款人盖章 负责　　经办　　年　月　日			汇票签发人签章 负责　　经办 宏伟工厂 财务专用章			

此联承兑人（付款人）留存

附表 8-1

宏伟工厂材料入库单

年 月 日　　　　编号：10003

交来单位及部门		发票号码或生产单号码		验收仓库	

名称及规格	单位	数量		实际价格				计划价格		成本差异
		交库	实收	单价	金额	运杂费	合计	单价	金额	
合计										

验收保管：　　　　采购：　　　　制单：

第三联 记账联

附表 9-1

中国工商银行 转账支票

22335546

出票日期（大写） 贰零壹捌年壹拾贰月零伍日　　付款行名称：江海支行

收款人：宏伟工厂　　出票人账号：356233

本支票付款期限十天

人民币（大写）	亿	千	百	十	万	千	百	十	元	角	分
伍万叁仟叁佰陆拾元整				¥	5	3	3	6	0	0	0

用途：货款

上列款项请从

我账户内支付

出票人签章

A 公司 财务专用章

科目（借）

对方科目（贷）

转账日期 年 月 日

复核 记账

中国工商银行 洪湖分行 江海支行 转讫

附表 9-2

浙江增值税专用发票

全国统一发票监制章 发票联 国家税务总局监制

NO 5020010524

开票日期：2018 年 12 月 05 日

购买方	名　　称：A 公司 纳税人识别号：310115188775678 地 址、电 话：洪湖市金山路 210 号（54446520） 开户行及账号：工行洪湖市江海支行 356233	密码区	（略）

货物或应税劳务、服务名称	规格型号	单位	数量	单价	金额	税率	税额
1 号产品		件	800	40.50	32 400.00	16%	5 184.00
2 号产品		件	200	68.00	13 600.00	16%	2 176.00
合计					¥46 000.00		¥7 360.00
价税合计（大写）	⊗伍万叁仟叁佰陆拾圆整			（小写）¥53 360.00			

销售方	名　　称：宏伟工厂 纳税人识别号：310115123456789 地 址、电 话：洪湖市胜利路 100 号（69786520） 开户行及账号：工行洪湖市洪山区支行 008768	备注	宏伟工厂 310115123456789 发票专用章

收款人：文静　　复核：李红　　开票人：胡强　　销售方：（盖章）

第三联：发票联　购买方记账凭证

附表 10-1

×××税务局
增值税　缴款书

隶属关系：市局

经济性质：国有　　填发日期：2018 年 12 月 6 日　　NO：0754185

收入机关	城镇一所	缴款单位（人）	全　称	宏伟工厂
预算级次	市级		账　号	008768
收缴国库	洪山区支库		开户银行	洪山区支行
税款所属时期：2018 年 11 月（季）　日		税款（基金）限缴日期：2018 年 12 月 10 日		

税目（项目）	单位	数量或重量	计税总值(元)（单位税额或所得税额）	税征收率（%）	扣除额（元）	已缴额（元）	应纳税额（基金）（元）
增值税			397 435.41	17	56 485.26		11 078.76
小计							11 078.76
城市维护建设税按应纳税额征收 7%							
教育费附加按应纳税额征收 3%							
合计人民币（大写）壹万壹仟零柒拾捌元柒角陆分							¥11 078.76

税务机关	李中平（复核人）　张磊（填发人） 2018 年 12 月 6 日	收款银行	上列款项已核收记入账款单位账户 国库（银行）盖章 2018 年 12 月 6 日	备注	

国库（银行）转讫

缴款单位地址：　　逾期不缴按税法规定加收滞纳金

第二联　收据　由银行收款盖章后交缴款单位（人）收执

附表 10－2

×××税务局
城市维护建设税　缴款书

隶属关系：市局

经济性质：国有　　　　填发日期：2018 年 12 月 6 日　　　　NO：0754186

收入机关	城镇一所			缴款单位（人）	全　称	宏伟工厂	
预算级次	市级				账　号	008768	
收缴国库	洪山区支库				开户银行	洪山区支行	
税款所属时期：2018 年 11 月（季）　日				税款（基金）限缴日期：2018 年 12 月 10 日			
税目（项目）	单位	数量或重量	计税总值(元)（单位税额或所得税额）	税征收率（%）	扣除额（元）	已缴额（元）	应纳税额（基金）（元）
城市维护建设税			11 078.76	7			775.51
小　计							775.51
城市维护建设税按应纳税额征收 7%							
教育费附加按应纳税额征收 3%							
合计人民币（大写）柒佰柒拾伍元伍角壹分						¥775.51	
税务机关	李中平（复核人）　张磊（填发人）　2018 年 12 月 6 日		收款银行	上列款项已核收记入缴款单位账户　国库（银行）盖章　2018 年 12 月 6 日		备注	

缴款单位地址：　　　　逾期不缴按税法规定加收滞纳金

国库（银行）　转讫

第二联　收据　由银行收款盖章后交缴款单位（人）收执

附表 10－3

×××税务局
教育费附加　缴款书

隶属关系：市局

经济性质：国有　　　　填发日期：2018 年 12 月 6 日　　　　NO：0754187

收入机关	城镇一所			缴款单位（人）	全　称	宏伟工厂	
预算级次	市级				账　号	008768	
收缴国库	洪山区支库				开户银行	洪山区支行	
税款所属时期：2018 年 11 月（季）　日				税款（基金）限缴日期：2018 年 12 月 10 日			
税目（项目）	单位	数量或重量	计税总值(元)（单位税额或所得税额）	税征收率（%）	扣除额（元）	已缴额（元）	应纳税额（基金）（元）
教育费附加			11 078.76	3			332.36
小　计							332.36
城市维护建设税按应纳税额征收 7%							
教育费附加按应纳税额征收 3%							
合计人民币（大写）叁佰叁拾贰元叁角陆分						¥332.36	
税务机关	李中平（复核人）　张磊（填发人）　2018 年 12 月 6 日		收款银行	上列款项已核收记入缴款单位账户　国库（银行）盖章　2018 年 12 月 6 日		备注	

缴款单位地址：　　　　逾期不缴按税法规定加收滞纳金

国库（银行）　转讫

第二联　收据　由银行收款盖章后交缴款单位（人）收执

附表 10－4

×××税务局
所得税　缴款书

隶属关系：市局
经济性质：国有　　填发日期：2018 年 12 月 6 日　　NO：0754188

收入机关	城镇一所	缴款单位（人）	全　称	宏伟工厂
预算级次	市级		账　号	008768
收缴国库	洪山区支库		开户银行	洪山区支行
税款所属时期：2018 年 11 月（季）　日		税款（基金）限缴日期：2018 年 12 月 10 日		

税目（项目）	单位	数量或重量	计税总值(元)（单位税额或所得税额）	税征收率（%）	扣除额（元）	已缴额（元）	应纳税额（基金）（元）
所得税			864 000.00	25	216 000.00	200 698.79	15 301.21
小　　计							15 301.21
城市维护建设税按应纳税额征收 7%							
教育费附加按应纳税额征收 3%							
合计人民币（大写）壹万伍仟叁佰零壹元贰角壹分							15 301.21
税务机关	李中平（复核人）　张磊（填发人）　2018 年 12 月 6 日		收款银行	上列款项已核收记入账款单位账户　国库（银行）盖章　2018 年 12 月 6 日		备注	

缴款单位地址：　　逾期不缴按税法规定加收滞纳金

第二联　收据　由银行收款盖章后交缴款单位（人）收执

国库（银行）转讫

附表 11－1

银行汇票（背面）

注 意 事 项

一、银行汇票和汇款解讫通知须同时提交兑付行，两者缺一无效。
二、收款人直接进账的，应在收款人盖章处加盖预留银行印章，收款人为个人的，应交验身份证件。
三、收款人如系个人，可以经背书转让给在银行开户的单位和个人，在背书人栏签章并填明被背书签章后持往开户行办理结算。

收款人盖章：
宏伟工厂
2018 年 12 月 07 日
身份证件名称、号码
及发证机关：

被背书人：宏伟工厂	被背书人：
背　书 B公司财务专用章　陆建平印 2018 年 12 月 07 日	

宏伟工厂 财务专用章

（说明：在汇票正面金额为 285 000 元，内容从略）

附表 11-2

浙江增值税专用发票

发票联

全国统一发票监制章 国家税务总局监制

NO 5020010525

开票日期：2018年12月07日

购买方	名称：B公司 纳税人识别号：310115188799978 地址、电话：洪湖市建设路25号（85596520） 开户行及账号：工行洪湖市高新区支行356113	密码区	（略）				
货物或应税劳务、服务名称	规格型号	单位	数量	单价	金额	税率	税额
1号产品		件	1 400	40.50	56 700.00	16%	9 072.00
2号产品		件	2 700	68.00	183 600.00	16%	29 376.00
合计					¥240 300.00		¥38 448.00
价税合计（大写）	⊗贰拾柒万捌仟柒佰肆拾捌圆整				（小写）¥278 748.00		
销售方	名称：宏伟工厂 纳税人识别号：310115123456789 地址、电话：洪湖市胜利路100号（69786520） 开户行及账号：工行洪湖市洪山区支行008768	备注	宏伟工厂 310115123456789 发票专用章				

收款人：文静　　复核：李红　　开票人：胡强　　销售方：（盖章）

第三联：发票联　购买方记账凭证

附表 11-3

中国工商银行　转账支票　　1105621

出票日期（大写）　年　月　日　　付款行名称：

收款人：　　出票人账号：

人民币（大写）	亿	千	百	十	万	千	百	十	元	角	分

用途：

上列款项请从

我账户内支付

出票人签章

科目（借）

对方科目（贷）

转账日期　年　月　日

复核　记账

中国工商银行 洪湖分行 洪山区支行 转 讫

本支票付款期限十天

附表 12－1

固定资产调拨单

2018年12月07日　　NO 0001

固定资产名称及编号	规格型号	单位	数量	预计使用年限	已使用年限	原始价值	已提折旧	备注
仓库		栋	1	30	28	100 000.00	80 000.00	
固定资产状况及报废原因	因更新提前报废							
处理意见	使用部门		技术鉴定小组		固定资产管理部门		主管部门审批	
	因设施陈旧		情况属实		同意转入清理		同意报废重置	

有关人员签章：雷朋

附表 13－1

收款收据

对方科目	
	字第　分号

对方科目　　2018年12月08日

第三联 记账

交款单位	宏伟工厂	
摘　要	描图费	
金　额	人民币（大写）捌拾捌元整	￥88.00

附件　张

长安区新华街道 财务专用章

主管：杜兵　会计：　业务：　出纳：肖梅

附表 14－1

对方科目	
	字第　分号

收款收据

对方科目　　　　　　　　　　　　　2018 年 12 月 08 日

第三联　记账

交款单位	宏伟工厂
摘　　要	包装物押金
金　　额	人民币（大写）伍佰元整　　　　¥500.00

附件　张

勤丰电器人 财务专用章

主管：胡军　　会计：　　业务：　　出纳：史诚

附表 14－2

中国工商银行　转账支票　1105622

出票日期（大写）　　年　　月　　日　　　　付款行名称：

收款人：　　　　　　　　　　　　　　　　出票人账号：

人民币（大写）	亿	千	百	十	万	千	百	十	元	角	分

本支票付款期限十天

用途：________　　　　　　　　　　科目（借）

上列款项请从　　　　　　　　　　　对方科目（贷）

我账户内支付　　　　　　　　　　　转账日期　　年　　月　　日

出票人签章　　　　　　　　　　　　复核　　　　记账

中国工商银行 洪湖分行 洪山区支行 转 讫

附表 15-1

洪湖市商业销售发票

发票联

全国统一发票监制章 国家税务总局监制

开户行：

账　号：

购货单位：宏伟工厂　　　　开票日期：2018 年 12 月 08 日

商品名称	规格	单位	数量	单价	金额 万	千	百	十	元	角	分
房屋修理			1			¥	2	0	0	0	0
合计人民币（大写）贰佰元整					¥200.00						

第二联 发票

新建服务队 378001211215234 发票专用章

单位（盖章）：　　收款：　　开票人：王方明

附表 16-1

中国工商银行　转账支票　22320545

出票日期（大写）　贰零壹捌年壹拾贰月零伍日　　付款行名称：四和区支行

收款人：宏伟工厂　　出票人账号：693529

人民币（大写）	亿	千	百	十	万	千	百	十	元	角	分
壹万肆仟陆佰元整				¥	1	4	6	0	0	0	0

本支票付款期限十天

用途：残值价款

上列款项请从

我账户内支付

出票人签章

兴利机械厂 财务专用章

科目（借）

对方科目（贷）

转账日期　年　月　日

复核　记账

中国工商银行 洪湖分行 四和区支行 转讫

附表 16－2

对方科目	
	字第　分号

收 款 收 据

对方科目　　　　年　月　日

第三联 记账

交款单位		
摘　要		
金　额	人民币（大写）	¥

附件　张

财务主管：　　审核：　　制单：

附表 17－1

宏伟工厂材料入库单

年　月　日　　编号：10004

第三联 记账联

交来单位及部门		发票号码或生产单号码				验收仓库				
名称及规格	单位	数量		实际价格				计划价格		成本差异
		交库	实收	单价	金额	运杂费	合计	单价	金额	
合计										

验收保管：　　采购：　　制单：

附表 18 - 1

浙江增值税专用发票

全国统一发票监制章 国家税务总局监制

发票联

NO 5020666472

开票日期：2018 年 12 月 03 日

购买方	名　　称：宏伟工厂 纳税人识别号：310115123456789 地 址、电 话：洪湖市胜利路 100 号（69786520） 开户行及账号：工行洪湖市洪山区支行 008768	密码区	（略）

货物或应税劳务、服务名称	规格型号	单位	数量	单价	金额	税率	税额
甲材料		千克	1 350	2.00	2 700.00	16%	432.00
丙材料		千克	250	15.00	3 750.00	16%	600.00
合计					¥6 450.00		¥1 032.00
价税合计（大写）	⊗柒仟肆佰捌拾贰圆				（小写）¥7 482.00		

销售方	名　　称：金城公司 纳税人识别号：312110330215689 地 址、电 话：沙河区永太路 546 号 开户行及账号：工行沙河支行 213361	备注	金城公司 312110330215689 发票专用章

收款人：张海　　复核：张海　　开票人：宋江　　销售方：

第三联：发票联　购买方记账凭证

附表 18 - 2

中国工商银行　转账支票　　1105623

出票日期（大写）　　年　　月　　日　　付款行名称：

收款人：　　出票人账号：

人民币（大写）	亿	千	百	十	万	千	百	十	元	角	分

本支票付款期限十天

用途：________

上列款项请从

我账户内支付

出票人签章

科目（借）

对方科目（贷）

转账日期　　年　　月　　日

复核　　记账

中国工商银行 洪湖分行 洪山区支行 转讫

附表 18－3

汽车货物运费结算单

2018 年 12 月 3 日　　　　第 0088 号

发货单位：金城公司	说明：代宏伟工厂垫付	
收货单位：宏伟工厂	由收货单位负担	
承运单位：畅通汽车运输队	里程：5 000 公里	
货物件数：20 件	运费：￥258.00	人民币：贰佰伍拾捌元整

交收货单位

（有关人员盖章）金山

附表 18－4

材料采购运杂费分配表

2018 年 12 月 09 日　　　　金额单位：元

供货单位	金 城 公 司			
材料名称	分配标准（买价）	分配率	分配金额	备注
甲材料	2 700.00	0.04	108.00	
丙材料	3 750.00	0.04	150.00	
合　计	6 450.00	0.04	258.00	

会计主管：　　　　复核：　　　　制表：张运

附表 18－5

宏伟工厂材料入库单

年　月　日　　　　编号：10005

交来单位及部门			发票号码或生产单号码			验收仓库				
名称及规格	单位	数量		实际价格				计划价格		成本差异
		交库	实收	单价	金额	运杂费	合计	单价	金额	
合计										

第三联　记账联

验收保管：　　　　采购：　　　　制单：

附表 19-1

中国工商银行 转账支票 1105624

出票日期（大写） 年 月 日　　付款行名称：
收款人：　　出票人账号：

本支票付款期限十天

人民币（大写）	亿	千	百	十	万	千	百	十	元	角	分

用途：________　　科目（借）
上列款项请从　　对方科目（贷）
我账户内支付　　转账日期 年 月 日
出票人签章　　复核 记账

中国工商银行 洪湖分行 洪山区支行 转讫

附表 19-2

对方科目	
	字第 分号

收款收据

对方科目　　2018 年 12 月 09 日

交款单位	宏伟工厂
摘　要	广告费
金　额	人民币（大写）贰万元整　¥20 000.00

第三联 记账　　附件 张

洪湖市电视台 财务专用章

主管：钱江　　会计：　　业务：　　出纳：郑欢艳

附表 20-1

申请报告

我厂根据生产发展计划准备扩建生产车间，决定发行 5 年期一次还本、票面利率为 14%的企业债券 10 000 张，每张面值 100 元，每年元月 1 日支付债券利息一次。发行时按面值的 10%溢价发行。从发行之日起开始计算。

申请单位：宏伟工厂
2018 年 12 月 5 日

附表 20－2

中国工商银行进账（交款）单 （回单或收账通知）

委托日期 2018 年 12 月 09 日　　　　第　号

收款单位	全　称	宏伟工厂	汇款单位	全　称	省证券公司	
	账　号	008768		账　号	009654	
	开户银行	洪山区支行		开户银行	朝阳支行	行号

人民币（大写）	千	百	十	万	千	百	十	元	角	分
壹佰壹拾万元整	¥	1	1	0	0	0	0	0	0	0

票据种类			收款人开户银行盖章 2018 年 12 月 09 日
票据张数		凭证号码	
单位主管　会计　复核　记账			

中国工商银行 洪湖分行 洪山区支行 转讫

此联是收款人开户银行交给收款人的回单或收账通知

附表 20－3

对方科目	
	字第　分号

收款收据

对方科目　　　　年　月　日

交款单位		
摘　要		
金　额	人民币（大写）	¥

财务主管：　　审核：　　制单：

第三联 记账

附件　张

附表 21－1

对方科目	
	字第　分号

收款收据

对方科目　　　　　　　　　　　　　　　　　　2018 年 12 月 10 日

第三联　记账

交款单位	宏伟工厂冯强
摘　要	培训学费
金　额	人民币（大写）伍佰元整　　¥500.00

附件　张

省工学院　财务专用章

主管：章晓　　会计：　　业务：　　出纳：江英

附表 22－1

中国工商银行　转账支票

1105625

出票日期（大写）　年　月　日　　　付款行名称：

收款人：　　　　　　　　　　　　　出票人账号：

本支票付款期限十天

人民币（大写）	亿	千	百	十	万	千	百	十	元	角	分

用途：＿＿＿＿

上列款项请从

我账户内支付

出票人签章

科目（借）

对方科目（贷）

转账日期　年　月　日

复核　记账

中国工商银行　洪湖分行　洪山区支行　转讫

附表 22－2

托收承付凭证（回单）　1

委托日期　　年　月　日　　　　No. 103547

付款人	全　称		收款人	全　称	
	账号或地址			账号或地址	
	开户银行			开户银行	
托收金额	人民币（大写）			千 百 十 万 千 百 十 元 角 分	
附　件		商品发运情况		合同名称号码	
附寄单证张数或册数					
备注		款项收妥日期　年　月　日		收款人开户银行盖章　年　月　日	

单位主管：　　　　会计：　　　　复核：

（印章：中国工商银行 洪湖分行 洪山区支行 转 讫）

此联是收款人开户银行给收款人的回单

附表 22－3

浙江增值税专用发票

（印章：全国统一发票监制章 国家税务总局监制）

发票联

NO 5020015689

开票日期：2018 年 12 月 10 日

购买方	名　　称：光华工厂 纳税人识别号：310115188765478 地 址、电 话：洪湖市延安路 666 号（85689520） 开户行及账号：工行洪湖市河丰支行 032178	密码区	（略）

货物或应税劳务、服务名称	规格型号	单位	数量	单价	金额	税率	税额
丙材料		千克	200	19.50	3 900.00	16%	624.00
合计					¥3 900.00		¥624.00
价税合计（大写）	⊗肆仟伍佰贰拾肆圆整				（小写）¥4 524.00		

销售方	名　　称：宏伟工厂 纳税人识别号：310115123456789 地 址、电 话：洪湖市胜利路 100 号（69786520） 开户行及账号：工行洪湖市洪山区支行 008768	备注	（印章：宏伟工厂 310115123456789 发票专用章）

收款人：文静　　复核：李红　　开票人：胡强　　销售方：

第三联：发票联 购买方记账凭证

附表 22－4

火车货物运费结算单

2018 年 12 月 10 日

发货单位：宏伟工厂	说明：代光华工厂垫付	
收货单位：光华工厂	由收货单位付商品运杂费	
承运单位：四通铁路局	里程：500 千米	
货物件数：4 件	运费：￥200.00	人民币大写：贰佰元整

交收货单位

（有关人员盖章） 张进红

附表 23－1

中国工商银行 转账支票

1105626

出票日期（大写） 年 月 日　　付款行名称：

收款人：　　出票人账号：

本支票付款期限十天

人民币（大写）	亿	千	百	十	万	千	百	十	元	角	分

用途：________

上列款项请从

我账户内支付

出票人签章

科目（借）

对方科目（贷）

转账日期 年 月 日

复核 记账

中国工商银行
洪湖分行
洪山区支行
转
讫

附表 23 - 2

洪湖市商业销售发票

发票联

开户行：
账　号：

购货单位：宏伟工厂　　　　开票日期：2018 年 12 月 10 日

商品名称	规格	单位	数量	单价	金额						
					万	千	百	十	元	角	分
车床安装工程款			2	3 000.00	¥	6	0	0	0	0	0
合计人民币（大写）陆仟元整					¥6 000.00						

第二联 发票

新华安装工程队 312117800236958 发票专用章

单位（盖章）：　　　　收款：　　　　开票人：张山峰

附表 23 - 3

固定资产移交使用验收单

管理部门：　　　　编号：004

使用部门：生产车间　　　　交接日期：12 月 10 日

固定资产编号	固定资产名称	出品工厂和日期	型号	购时原价或自制成本	
				单价	19 000.00
				买价	38 000.00
00810	车　床	宁波机床厂 2018 年 10 月	G620	安装费 运输费 合　计	6 000.00 44 000.00
每年折旧率	每月折旧额		开始计提折旧年月	已提折旧累计	
				净值	

厂长或负责人：　　　固定资产管理部门：　　　固定资产使用部门：　　　财会部门：

附表 24 - 1

中国工商银行电汇凭证（回　单）　　1

□普通　□加急　　委托日期　　年　月　日　　NO 20030034

汇款人	全　称				收款人	全　称			
	账　号 或地址					账　号 或地址			
	汇　出 地　点	省	市 县	汇出行 名　称		汇　入 地　点	省	市 县	汇入行 名　称
金额	人民币 （大写）					千 百 十 万 千 百 十 元 角 分			
汇款用途：						汇出行盖章			
上列款项已根据委托办理；如需查询，请持此回单来行面洽。						年　月　日			
单位主管　　会计　　复核　　记账									

中国工商银行
洪湖分行
洪山区支行
转
讫

此联是汇出行给汇款人的回单

附表 24 - 2

对方 科目	
	字第　分号

收款收据

对方科目　　2018 年 12 月 10 日

交款单位	宏伟工厂	
摘　　要	合同违约金	
金　　额	人民币（大写）贰仟捌佰元整	¥2 800.00

第三联 记账

附件　张

上海利达外贸公司
财务专用章

主管：徐辉　　会计：　　业务：　　出纳：李敏

附表 25－1

中国工商银行　转账支票　1105627

出票日期（大写）　年　月　日　　付款行名称：

收款人：　　出票人账号：

本支票付款期限十天

人民币（大写）	亿	千	百	十	万	千	百	十	元	角	分

用途：

上列款项请从

我账户内支付

出票人签章

科目（借）

对方科目（贷）

转账日期　年　月　日

复核　记账

中国工商银行
洪湖分行
洪山区支行
转
讫

附表 25－2

对方科目	
	字第　分号

收款收据

对方科目　　2018 年 12 月 10 日

第三联 记账

交款单位	宏伟工厂	
摘　要	工会经费	
金　额	人民币（大写）壹仟贰佰元整	￥1 200.00

附件　张

宏伟工厂工会
财务专用章

主管：严军　会计：　业务：　出纳：方明

附表 26-1

借款单

2018 年 12 月 11 日

部门	生产技术组	姓名	周明、江群	借款用途	参加生产技术会
借款金额	人民币（大写）贰仟元整				（¥2 000.00）
实际报销金额		节余金额	现金支票付讫	负责人审核意见	同意借款 张忠明
		超支金额			
备注				结账日期	年 月 日

财务主管：李红 会计：李红 出纳：文静 借款人签名章：周明 江群

附表 26-2

中国工商银行
现金支票存根

支票号码 NO 686722

附加信息

出票日期 2018 年 12 月 11 日

收款人：	财务处
金 额：	2 000.00 元
用 途：	周明、江群预借差旅费
备 注：	

单位主管 会计 李红

附表 27-1

浙江增值税专用发票

（全国统一发票监制章 国家税务总局监制）

发票联

NO 5020685472

开票日期：2018 年 12 月 05 日

购买方	名　　称：宏伟工厂 纳税人识别号：310115123456789 地 址、电 话：洪湖市胜利路 100 号（69786520） 开户行及账号：工行洪湖市洪山区支行 008768					密码区	（略）	
货物或应税劳务、服务名称	规格型号	单位	数量	单价	金额	税率	税额	
甲材料		千克	2 500	2.00	5 000.00	16%	800.00	
丙材料		千克	3 500	14.50	50 750.00	16%	8 120.00	
合计					¥55 750.00		¥8 920.00	
价税合计（大写）	⊗陆万肆仟陆佰柒拾圆整				（小写）¥64 670.00			
销售方	名　　称：围城公司 纳税人识别号：312110330215632 地 址、电 话：洪山区大兴路 23 号 开户行及账号：工行洪湖市洪山区支行 102432					备注	围城公司 312110330215632 发票专用章	

收款人：李平　　复核：李平　　开票人：金燕　　销售方：

第三联：发票联　购买方记账凭证

附表 27-2

汽车货物运费结算单

2018 年 12 月 5 日　　　　第　　号

发货单位：围城公司		说明：代宏伟工厂垫付
收货单位：宏伟工厂		由收货单位负担
承运单位：四通汽车运输队		里程：200 千米
货物件数：5 件	运费：¥2 650.00	人民币大写：贰仟陆佰伍拾元整

（有关人员盖章）王平

交收货单位

附表 27-3

材料采购运杂费分配表

2018 年 12 月 12 日　　　　金额单位：元

供货单位	围城公司			
材料品名	分配标准（买价）	分配率	分配金额	备注
甲材料	5 000.00		237.67	
丙材料	50 750.00		2 412.33	
合计	55 750.00	0.047 533 6	2 650.00	

会计主管：　　　　复核：　　　　制表：陈毅军

附表 27-4

中国工商银行　转账支票

1105628

本支票付款期限十天

出票日期（大写）　　年　　月　　日　　付款行名称：

收款人：　　出票人账号：

人民币（大写）	亿	千	百	十	万	千	百	十	元	角	分

用途：

上列款项请从

我账户内支付

出票人签章

科目（借）

对方科目（贷）

转账日期　　年　　月　　日

复核　　记账

中国工商银行 洪湖分行 洪山区支行 转讫

附表 27-5

宏伟工厂材料入库单

年　月　日　　　　编号：10006

交来单位及部门		发票号码或生产单号码		验收仓库							
名称及规格	单位	数量		实际价格				计划价格		成本差异	
		交库	实收	单价	金额	运杂费	合计	单价	金额		
合计											

第三联 记账联

验收保管：　　　　采购：　　　　制单：

附表 28－1

浙江增值税专用发票

发票联

NO 5020054789

开票日期：2018 年 12 月 12 日

购买方	名　　称：西南公司 纳税人识别号：310115188765874 地 址、电 话：洪湖市山城西路 58 号（85541520） 开户行及账号：工行洪湖市山城区支行 446978				密码区	（略）	
货物或应税劳务、服务名称	规格型号	单　位	数　量	单　价	金　额	税率	税　额
1 号产品		件	920	40.50	37 260.00	16%	5 961.60
2 号产品		件	2 100	68.00	142 800.00	16%	22 848.00
合计					¥180 060.00		¥28 809.60
价税合计（大写）	⊗贰拾万捌仟捌佰陆拾玖圆陆角整				（小写）¥208 869.60		
销售方	名　　称：宏伟工厂 纳税人识别号：310115123456789 地 址、电 话：洪湖市胜利路 100 号（69786520） 开户行及账号：工行洪湖市洪山区支行 008768				备注	宏伟工厂 310115123456789 发票专用章	

收款人：文静　　复核：李红　　开票人：胡强　　销售方：

第三联：发票联　购买方记账凭证

附表 28－2

火车货物运费结算单

2018 年 12 月 12 日

发货单位：宏伟工厂	说明：代西南公司垫付	
收货单位：西南公司	由收货单位负担	
承运单位：贰铁分局	里程：350 千米	
货物件数：3 020 件	运费：¥2 247.90	人民币大写：贰仟贰佰肆拾柒元玖角整

（有关人员盖章）杨刚

交收货单位

附表 28 - 3

中国工商银行　转账支票　　1105629

本支票付款期限十天

出票日期（大写）　年　月　日　　付款行名称：

收款人：　　出票人账号：

人民币（大写）	亿	千	百	十	万	千	百	十	元	角	分

用途：________　　科目（借）

上列款项请从　　对方科目（贷）

我账户内支付　　转账日期　年　月　日

出票人签章　　复核　记账

中国工商银行
洪湖分行
洪山区支行
转
讫

附表 28 - 4

托收承付凭证（回单）　1

委托日期　2018 年　月　日　　No. 103548

付款人	全　称		收款人	全　称		
	账号或地址			账号或地址		
	开户银行			开户银行	账号	

托收金额	人民币（大写）	千	百	十	万	千	百	十	元	角	分

附　件	商品发运情况	合同名称号码
附寄单证张数或册数		
备注　电　划	款项收妥日期　年　月　日	收款人开户银行盖章　年　月　日

单位主管：　　会计：　　复核：

此联是收款人开户银行给收款人的回单

中国工商银行
洪湖分行
洪山区支行
转
讫

附表 29-1

商业承兑汇票 2

汇票号码：XI0630351

出票日期（大写） 贰零壹捌年玖月壹拾贰日　　第 06 号

付款人	全　称	B公司	收款人	全　称	宏伟工厂	
	账　号	356113		账　号	008768	
	开户银行	高新区支行		开户银行	洪山区支行	行号

汇票金额	人民币（大写）	亿	千	百	十	万	千	百	十	元	角	分
	壹万玖仟叁佰元整				¥	1	9	3	0	0	0	0

汇票到期日（大写）	贰零壹捌年壹拾贰月壹拾贰日	交易合同号码	0106

本汇票已经本单位承兑，到期日无条件支付票款。此致

收款人　　付款人盖章

负责　　经办　　年　月　日

汇票签发人签章　B公司 财务专用章

负责 张红　　经办 罗华

此联由收款人开户银行随结算凭证寄付款人开户银行作付出传票附件

附表 30-1

对方科目	
	字第　分号

收款收据

对方科目　　　　2018 年 12 月 12 日

交款单位	宏伟工厂	
摘　　要	两年期债券 50 000 元，手续费 250 元	
金　　额	人民币（大写） 伍万零贰佰伍拾元整	¥50 250.00

省证券公司 财务专用章

第三联 记账　　附件　张

主管：曾凡兵　会计：　业务：　出纳：王剑

附表 30-2

中国工商银行 转账支票 1105630

本支票付款期限十天

出票日期（大写） 年 月 日　　付款行名称：
收款人：　　出票人账号：

人民币（大写）	亿	千	百	十	万	千	百	十	元	角	分

用途：________　　科目（借）
上列款项请从　　对方科目（贷）
我账户内支付　　转账日期 年 月 日
出票人签章　　复核 记账

中国工商银行
洪湖分行
洪山区支行
转
讫

附表 31-1

管理支出汇总表

单位：总务科　　日期：2018 年 12 月 13 日

项 目	凭证张数	支出金额	核销金额	备 注
差旅费	26	76.00	76.00	
办公费	41	320.00	320.00	
其 他	3	84.00	84.00	
合 计	70	480.00	480.00	
核销金额（大写）肆佰捌拾元整				

会计：　　审核：　　制表：刘刚

附表 31－2

中国工商银行
现金支票存根

支票号码 NO 686723

附加信息

出票日期 2018 年 12 月 13 日

收款人：总务科	
金　额：480.00 元	
用　途：补足备用金	
备　注：	

单位主管　　会计 李红

附表 32－1

浙江增值税专用发票

全国统一发票监制章　发票联　国家税务总局监制

NO 6541685472

开票日期：2018 年 12 月 13 日

购买方	名　　称：宏伟工厂 纳税人识别号：310115123456789 地 址、电 话：洪湖市胜利路 100 号（69786520） 开户行及账号：工行洪湖市洪山区支行 008768	密码区	（略）				
货物或应税劳务、服务名称	规格型号	单 位	数 量	单 价	金 额	税率	税 额
针剂类					1 050.00	16%	168.00
药剂类					1 872.00	16%	299.52
器械类					58.00	16%	9.28
合计					￥ 2 980.00		￥476.80
价税合计（大写）	⊗叁仟肆佰伍拾陆圆捌角整				（小写）￥3 456.80		
销售方	名　　称：市医药公司 纳税人识别号：312110330218962 地 址、电 话：洪湖市新华路 22 号 开户行及账号：工行洪湖市城西支行 010558	备注	市医药公司 312110330218962 发票专用章				

收款人：章小军　　复核：李平　　开票人：骆彬彬　　销售方：

第三联：发票联 购买方记账凭证

附表 32 - 2

中国工商银行 转账支票 1105631

本支票付款期限十天

出票日期（大写） 年 月 日 付款行名称：

收款人： 出票人账号：

人民币（大写）	亿	千	百	十	万	千	百	十	元	角	分

用途：________ 科目（借）

上列款项请从 对方科目（贷）

我账户内支付 转账日期 年 月 日

出票人签章 复核 记账

（印章：中国工商银行 洪湖分行 洪山区支行 转讫）

附表 33 - 1

洪湖市税务局印花税票发售统一发票

购票单位：宏伟工厂 2018 年 12 月 14 日 NO 126056

名称	数量	金额	备注
贰元印花税票	55	110.00	现金付讫
壹元印花税票	35	35.00	现金付讫
贰角印花税票	25	5.00	现金付讫
合计人民币（大写）×万×仟壹佰伍拾元零角零分			￥150.00

发售单位盖章 制单：方正

（印章：洪湖市税务局 财务专用章）

附表 34－1

差旅费报销单

报销日期 2018 年 12 月 14 日

姓名	江军　李超群	职别		出差事由	联系业务
出差起止日期	自 2018 年 12 月 02 日至 2018 年 12 月 10 日止共 8 天，附单据 5 张				

年		起讫地点				车船费用			住宿费	其他费用	合计
月	日	起点	时间	终点	时间	交通工具	张数	金额			
12	2	洪湖	12.2	北京		火车	2	288.00			288.00
12	10	北京	12.10	洪湖		火车	2	298.00			298.00
									992.00		992.00
			小　计					586.00	992.00		¥1 578.00
合计：（大写）	×万壹仟伍佰柒拾捌元×角×分										

负责人：　　会计：　　审核：　　主管：　　出差人：江军　李超群

附表 35－1

工资结算汇总表

2018 年 12 月　　　　单位：元

车间部门		基本工资（略）	其他工资津贴（略）	应扣工资（略）	应付工资	代扣养老保险金	代扣医疗保险金	代扣失业保险金	实发工资
基本生产车间	生产工人工资				100 610.00	1 352.50	1 650.00	1 614.00	95 993.50
	管理人员工资				20 499.56	427.00	460.00	422.00	19 190.56
	小　计				121 109.56	1 779.50	2 110.00	2 036.00	115 184.06
机修车间					59 020.00	1 240.00	1 629.50	1 220.00	54 930.50
动力车间					47 620.00	1 130.50	1 322.00	1 100.00	44 067.50
管理部门					30 303.00	820.50	1 046.50	1 068.00	27 368.00
医务所					8 050.00	120.50	147.00	80.00	7 702.50
合　计					266 102.56	5 091.00	6 255.00	5 504.00	249 252.56

说明：生产 1 号产品耗用 14 740 工时；生产 2 号产品耗用 13 240 工时。

附表 35-2

中国工商银行
现金支票存根

支票号码 NO 686724

附加信息

出票日期 2018 年 12 月 14 日

收款人：财务处	
金　额：249 252.56 元	
用　途：备发工资	
备　注：	

单位主管　　会计 李红

附表 36-1

中国工商银行
现金支票存根

支票号码 NO 686725

附加信息

出票日期 2018 年 12 月 14 日

收款人：财务处	
金　额：16 850.00 元	
用　途：养老、医疗、失业保险金	
备　注：	

单位主管　　会计 李红

附表 37-1

生产车间产品耗用工时报告单

2018 年 12 月

车间	产品	生产耗用工时	备注
基本生产车间	1 号产品 2 号产品	14 740 13 240	

附表 37－2

工资费用分配表

年　月　日　　　　单位：元

应借账户	应贷账户：应付职工薪酬——工资					
	生产车间	机修车间	动力车间	管理部门	医务所	合计
生产成本——基本生产成本——1 号产品						
——2 号产品						
制造费用						
生产成本——辅助生产成本——机修车间						
——动力车间						
管理费用						
合　计						

财务主管：李红　　审核：庄玲　　制单：周军

附表 38－1

工会费计提表

年　月　日　　　　单位：元

应借账户	计提基数（工资总额）	提取比例（%）	应提取工会费
生产成本——基本生产成本——1 号产品		2	
——2 号产品		2	
制造费用		2	
生产成本——辅助生产成本——机修车间		2	
——动力车间		2	
管理费用		2	
合　计		2	

财务主管：李红　　审核：庄玲　　制单：

附表 39－1

浙江增值税专用发票

（全国统一发票监制章 国家税务总局监制）

发票联

NO 5020054856

开票日期：2018 年 12 月 15 日

购买方	名　　称：市机电公司 纳税人识别号：310115100965856 地 址、电 话：洪湖市朝阳南路 56 号（56781520） 开户行及账号：工行洪湖市山城区支行 323435	密码区	（略）

货物或应税劳务、服务名称	规格型号	单位	数量	单价	金额	税率	税额
甲材料		千克	1 500	3.45	5 175.00	16%	828.00
合计					￥5 175.00		￥828.00
价税合计（大写）	⊗陆仟零叁圆整				（小写）￥6 003.00		

销售方	名　　称：宏伟工厂 纳税人识别号：310115123456789 地 址、电 话：洪湖市胜利路 100 号（69786520） 开户行及账号：工行洪湖市洪山区支行 008768	备注	宏伟工厂 310115123456789 发票专用章

收款人：文静　　复核：李红　　开票人：胡强　　销售方：

第三联：发票联　购买方记账凭证

附表 39－2

中国工商银行　转账支票

25690545

出票日期（大写）　贰零壹捌年壹拾贰月壹拾伍日　付款行名称：山城区支行

收款人：宏伟工厂　出票人账号：323435

本支票付款期限十天

人民币（大写）	亿	千	百	十	万	千	百	十	元	角	分
陆仟零叁元整					￥	6	0	0	3	0	0

用途：残值价款

上列款项请从

我账户内支付

出票人签章　（市机电公司 财务专用章）

科目（借）

对方科目（贷）

转账日期　年　月　日

复核　记账

（中国工商银行 洪湖分行 洪山区支行 转讫）

附表 40－1

贴现凭证（代申请书） 1

填写日期：2018 年 12 月 17 日　　　　第　　号

申请人	名称	宏伟工厂	贴现汇票	种类	银行承兑汇票	号码
	账号	008768		发票日	2018 年 10 月 17 日	
	开户银行	洪山区支行		到期日	2019 年 4 月 17 日（下午）	
汇票承兑人（或银行）	名称	A 公司	账号	356233	开户银行	江海支行

汇票金额（即贴现金额）	人民币（大写）捌万贰仟肆佰元整（票面利率 6%）	千	百	十	万	千	百	十	元	角	分
				¥	8	2	4	0	0	0	0

贴现率 每 年	10%	贴现利息	万	千	百	十	元	角	分	实付贴现金额	千	百	十	万	千	百	十	元	角	分
			¥	2	7	4	6	6	7				¥	7	9	6	5	3	3	3

兹根据《银行结算办法》的规定，附送承兑汇票申请贴现，请审核。 此致 贴现银行 申请人盖章 （宏伟工厂 财务专用章）	银行审核	（中国工商银行 洪湖分行 洪山区支行 转讫） 负责人：李峰 信贷员：陈静	科目（付）__________ 对方科目（收）__________ 复核　　记账

此联银行作贴现付出传票

附表 41－1

中国工商银行　转账支票　1105632

出票日期（大写）　年　月　日　　付款行名称：

收款人：　　出票人账号：

人民币（大写）	亿	千	百	十	万	千	百	十	元	角	分

用途：________

上列款项请从

我账户内支付

出票人签章

科目（借）

对方科目（贷）

转账日期　年　月　日

复核　记账

（中国工商银行 洪湖分行 洪山区支行 转讫）

本支票付款期限十天

附表 41-2

洪湖市商业销售发票

发票联

全国统一发票监制章 国家税务总局监制

开户行：
账　号：

购货单位：宏伟工厂　　　　开票日期：2018 年 12 月 17 日

商品名称	规格	单位	数量	单价	金额								
					百	十	万	千	百	十	元	角	分
车间扩建工程款					¥	1	5	0	0	0	0	0	0
合计人民币（大写）壹拾伍万元整					¥150 000.00								

第二联 发票

长丰建安公司 312117800582369 发票专用章

单位（盖章）：　　收款：　　开票人：于萍

附表 42-1

浙江增值税专用发票

发票联

全国统一发票监制章 国家税务总局监制

NO 5020054950

开票日期：2018 年 12 月 17 日

购买方	名　　称：C 公司 纳税人识别号：310115165321474 地 址、电 话：洪湖市精城路 49 号（65894120） 开户行及账号：工行洪湖市新河区支行 352971				密码区	（略）	
货物或应税劳务、服务名称	规格型号	单　位	数　量	单　价	金　额	税率	税　额
1 号产品		件	500	40.50	20 250.00	16%	3 240.00
合计					¥20 250.00		¥3 240.00
价税合计（大写）	⊗贰万叁仟肆佰玖拾圆整				（小写）¥23 490.00		
销售方	名　　称：宏伟工厂 纳税人识别号：310115123456789 地 址、电 话：洪湖市胜利路 100 号（69786520） 开户行及账号：工行洪湖市洪山区支行 008768				备注	宏伟工厂 310115123456789 发票专用章	

第三联：发票联 购买方记账凭证

收款人：文静　　复核：李红　　开票人：胡强　　销售方：

附表 42－2

运费结算单

2018 年 12 月 17 日　　第　　号

发货单位	宏伟工厂	备注：代 C 公司垫付		
收货单位	C 公司	车号：	吨位：15 吨	里程：150 千米
货物件数	500 件	运费：￥720.00	人民币（大写）：柒佰贰拾元整	

交委托单位

有关人员签章：高军飞

附表 42－3

中国工商银行　转账支票

1105633

本支票付款期限十天

出票日期（大写）　　年　　月　　日　　付款行名称：

收款人：　　出票人账号：

人民币（大写）	亿	千	百	十	万	千	百	十	元	角	分

用途：________

上列款项请从
我账户内支付
出票人签章

科目（借）
对方科目（贷）
转账日期　　年　　月　　日
复核　　记账

中国工商银行
洪湖分行
洪山区支行
转
讫

附表 42－4

托收承付凭证（回单） 1

委托日期　年　月　日　　　　No. 103549

付款人	全　称		收款人	全　称											
	账号或地址			账号或地址											
	开户银行			开户银行											
托收金额	人民币（大写）					千	百	十	万	千	百	十	元	角	分
附　件		商品发运情况				合同名称号码									
附寄单证张数或册数															
备注：		款项收妥日期 年　月　日				收款人开户银行盖章 年　月　日									

中国工商银行
洪湖分行
洪山区支行
转
讫

单位主管：　　会计：　　复核：

此联是收款人开户银行给收款人的回单

附表 43－1

固定资产出租登记表

出租日期：2018 年 12 月 18 日　　单位：元

名称	计量单位	数量	租赁期	原值	期租金（月）	原因
办公用房	间	5	1 年	162 000.00	2 600.00	未使用
合计				162 000.00	2 600.00	

有关人员签章：冯利民

附表 44－1

中国工商银行　转账支票　56980545

出票日期（大写）　贰零壹捌年壹拾贰月壹拾捌日　付款行名称：新河区支行

收款人：宏伟工厂　出票人账号：658694

本支票付款期限十天

人民币（大写）	亿	千	百	十	万	千	百	十	元	角	分
贰仟陆佰元整						¥	2	6	0	0	0	0

用途：房租

上列款项请从

我账户内支付

出票人签章　科龙公司 财务专用章

科目（借）

对方科目（贷）

转账日期　年　月　日

复核　记账

中国工商银行洪湖分行新河区支行 转讫

附表 44－2

收款收据

对方科目	
	字第　分号

对方科目　年　月　日

第三联 记账

交款单位		
摘　要		
金　额	人民币（大写）	¥

附件　张

财务主管：　审核：　制单：

附表 45 - 1

银行承兑汇票 2

汇票号码 第 38065 号

出票日期（大写） 贰零壹捌年壹拾贰月壹拾捌日

收款人	全　称	宏伟工厂		承兑申请人	全　称	B公司									
	账　号	008768			账　号	356113									
	开户银行	洪山区支行	行号		开户银行	高新区支行	行号								
汇票金额	人民币（大写）	壹拾壹万柒仟伍佰肆拾元伍角肆分				千	百	十	万	千	百	十	元	角	分
							¥	1	1	7	5	4	0	5	4
汇票到期日（大写）	贰零壹玖年叁月壹拾捌日（次年）														
本汇票送请你们承兑并确认《银行结算办法》和承兑协议的各项规定。 此致 承兑银行 承兑申请人（盖章） （章：中国工商银行 洪湖分行 高新区支行 转讫）	承兑协议编号	3758	交易合同号码												
	（章：B公司 财务专用章） 汇票签章人（盖章） 负责：文兵　经办：刘义		科目（付） 对方科目（收） 转账日期　年　月　日 复核：　记账：												

此联收款人开户行随托收凭证寄付款行作借方凭证附件

附表 45 - 2

银行承兑汇票（解讫通知）

汇票号码 第 38065 号

出票日期（大写） 贰零壹捌年壹拾贰月壹拾捌日

收款人	全　称	宏伟工厂		承兑申请人	全　称	B公司									
	账　号	008768			账　号	356113									
	开户银行	洪山区支行	行号		开户银行	高新区支行	行号								
汇票金额	人民币（大写）	壹拾壹万柒仟伍佰肆拾元伍角肆分				千	百	十	万	千	百	十	元	角	分
							¥	1	1	7	5	4	0	5	4
汇票到期日（大写）	贰零壹玖年叁月壹拾捌日（次年）														
收款人开户银行盖章 （章：中国工商银行 洪湖分行 洪山区支行 转讫） 复核　时明 会计　关复文	承兑协议编号	3758	交易合同号码												
备注	（章：B公司 财务专用章） 汇票签章人（盖章） 负责：文兵　经办：刘义		科目（收） 对方科目（付） 转账日期　年　月　日 复核：　记账：												

附表 45－3

浙江增值税专用发票

发票联

（全国统一发票监制章 国家税务总局监制）

NO 5020055632

开票日期：2018 年 12 月 18 日

购买方	名　　称：B 公司 纳税人识别号：310115188799978 地 址、电 话：洪湖市建设路 25 号（85596520） 开户行及账号：工行洪湖市高新区支行 356113	密码区	（略）

货物或应税劳务、服务名称	规格型号	单　位	数　量	单　价	金　额	税率	税　额
1 号产品		件	1 500	40.50	60 750.00	16%	9 720.00
2 号产品		件	584	68.00	39 712.00	16%	6 353.92
合计					￥100 462.00		￥16 073.92

价税合计（大写）	⊗壹拾壹万陆仟伍佰叁拾伍圆玖角贰分　（小写）￥116 535.92

销售方	名　　称：宏伟工厂 纳税人识别号：310115123456789 地 址、电 话：洪湖市胜利路 100 号（69786520） 开户行及账号：工行洪湖市洪山区支行 008768	备注	宏伟工厂 310115123456789 发票专用章

收款人：文静　　复核：李红　　开票人：胡强　　销售方：

第三联：发票联　购买方记账凭证

附表 46－1

收款收据

对方科目	
	字第　分号

对方科目　　　　2018 年 12 月 19 日

交款单位	宏伟工厂	
摘　要	预付生产设备租金	
金　额	人民币（大写）贰万元整	￥20 000.00

四明工厂 财务专用章

主管：史诚　　会计：　　业务：　　出纳：钱飞强

第三联 记账

附件　张

附表 46－2

中国工商银行　转账支票　　1105634

本支票付款期限十天

出票日期（大写）　年　月　日　　付款行名称：

收款人：　　出票人账号：

人民币（大写）	亿	千	百	十	万	千	百	十	元	角	分

用途：________　　科目（借）

上列款项请从　　对方科目（贷）

我账户内支付　　转账日期　年　月　日

出票人签章　　复核　记账

中国工商银行 洪湖分行 洪山区支行 转讫

附表 46－3

租入固定资产移交单

租入日期：2018 年 12 月 19 日　　单位：元

名称	计量单位	数量	租赁期	原值	年租金	出租方
生产设备	台	1	3 年	90 000.00	9 600.00	四明工厂
合计				90 000.00	9 600.00	

有关人员签章：林梅

附表 47－1

专利申报表

2018 年 12 月 19 日

申请单位	宏伟工厂	专利成本		
		技术开发费	注册登记及律师公证费	合计
专利项目	新型实用专利	（不计成本）	￥3 000.00	￥3 000.00
单位意见	同意申报	专利局审批		同意注册

宏伟工厂 公章　　专利局 公章

附表 47－2

中国工商银行　转账支票　　1105635

本支票付款期限十天

出票日期（大写）　　年　　月　　日　　付款行名称：
收款人：　　出票人账号：

人民币（大写）	亿	千	百	十	万	千	百	十	元	角	分

用途：
上列款项请从
我账户内支付
出票人签章

科目（借）
对方科目（贷）
转账日期　　年　　月　　日
复核　　记账

中国工商银行
洪湖分行
洪山区支行
转
讫

附表 47－3

收　据

NO 046951

2018 年 12 月 19 日

今收到　宏伟工厂

人民币　（大写）叁仟元整　　（小写）￥3 000.00

系　付　专利注册登记及律师公证费

单位盖章：专利局　　会计：张平　　出纳：李四　　经手人：

专利局
财务专用章

第二联　交款单位

附表 48-1

中国工商银行 转账支票 56965245

出票日期（大写） 贰零壹捌年壹拾贰月壹拾陆日 付款行名称：新街区支行

收款人：宏伟工厂 出票人账号：213412

本支票付款期限十天

人民币（大写）	亿	千	百	十	万	千	百	十	元	角	分
叁万捌仟元整				¥	3	8	0	0	0	0	0

用途：购机器设备 科目（借）

上列款项请从 对方科目（贷）

我账户内支付 转账日期 年 月 日

出票人签章 复核 记账

[印章：长江工厂 财务专用章]

[印章：中国工商银行洪湖分行新街区支行 转讫]

附表 48-2

固定资产出售通知单

2018 年 12 月 20 日 单位：元

固定资产名称	原价	已提折旧	预计使用年限	已使用年限	出售价格	出售原因
设备 A	50 000.00	15 000.00	10	3	38 000.00	不需用
购买单位名称	长江工厂					
批准单位		设备负责人	雷明	单位负责人	李达伟	

[印章：宏伟工厂 财务专用章]

附表 48 - 3

开户行：
账　号：

洪湖市商业销售发票

发　票　联

购货单位：长江工厂　　　　开票日期：2018 年 12 月 20 日

商品名称	规格	单位	数量	单价	金额								
					百	十	万	千	百	十	元	角	分
机器设备		台	1			¥	3	8	0	0	0	0	0
合计人民币（大写）叁万捌仟元整					¥38 000.00								

宏伟工厂 310115123456789 发票专用章

第二联 发票

单位（盖章）：　　　　收款：　　　　开票人：文静

附表 48 - 4

对方科目	
	字第　分号

收 款 收 据

对方科目　　　　年　月　日

交款单位		
摘　要		
金　额	人民币（大写）	¥

第三联 记账

附件　张

财务主管：　　　　审核：　　　　制单：

附表 49－1

中国工商银行 转账支票 1105636

本支票付款期限十天

出票日期（大写） 年 月 日 付款行名称：

收款人： 出票人账号：

人民币（大写）	亿	千	百	十	万	千	百	十	元	角	分

用途：________ 科目（借）

上列款项请从 对方科目（贷）

我账户内支付 转账日期 年 月 日

出票人签章 复核 记账

中国工商银行 洪湖分行 洪山区支行 转 讫

附表 49－2

开户行：
账 号：

洪湖市商业销售发票

发票联

购货单位：宏伟工厂 开票日期：2018 年 12 月 20 日

商品名称	规格	单位	数量	单价	金额								
					百	十	万	千	百	十	元	角	分
固定资产改良工程款						¥	3	6	0	0	0	0	0
合计人民币（大写）叁万陆仟元整					¥36 000.00								

第二联 发票

长丰建安公司 312117800582369 发票专用章

单位（盖章）： 收款： 开票人：于萍

附表 50－1

中国工商银行
现金支票存根

支票号码　NO 686726

附加信息

出票日期　2018 年 12 月 20 日

收款人：财务处	
金　额：1 000.00 元	
用　途：备用	
备　注：	

单位主管　　　　会计 李红

附表 51－1

服务行业统一发票

（全国统一发票监制章 国家税务局监制）

发票联

客户：宏伟工厂　　　　2018 年 12 月 20 日　　　　NO 98105

项目	摘要	单位	数量	单价	金额					
					千	百	十	元	角	分
餐饮	来客用餐费用				¥	5	0	0	0	0
合计人民币（大写）伍佰元整					¥	5	0	0	0	0

②发票联

（洪湖市朝阳饭店 342189800528639 发票专用章）

企业盖章有效　　　　财务：方心怡　　　　开票：胡中

附表 52－1

收款收据

对方科目	字第　分号

对方科目　　　　　　　　年　月　日

第三联 记账

交款单位		
摘　要		
金　额	人民币（大写）	¥

附件　张

财务主管：　　　　审核：　　　　制单：

附表 52－2

<table>
<tr><td colspan="14">中国工商银行电汇凭证（收账通知）　　NO　1716812</td></tr>
<tr><td colspan="14">□普通　□加急　　委托日期　2018 年 12 月 14 日　　第　　号</td></tr>
<tr><td rowspan="3">汇款人</td><td>全　称</td><td colspan="3">新华机械厂</td><td rowspan="3">收款人</td><td>全　称</td><td colspan="7">宏伟工厂</td></tr>
<tr><td>账　号
或地址</td><td colspan="3">090605</td><td>账　号
或地址</td><td colspan="7">008768</td></tr>
<tr><td>汇　出
地　点</td><td>海平市</td><td>汇出行
名　称</td><td>四和支行</td><td>汇　入
地　点</td><td>洪湖市</td><td>汇入行
名　称</td><td colspan="5">洪山区支行</td></tr>
<tr><td rowspan="2">金额</td><td rowspan="2">人民币
（大写）</td><td colspan="2" rowspan="2">肆万伍仟元整</td><td>千</td><td>百</td><td>十</td><td>万</td><td>千</td><td>百</td><td>十</td><td>元</td><td>角</td><td>分</td></tr>
<tr><td></td><td></td><td>¥</td><td>4</td><td>5</td><td>0</td><td>0</td><td>0</td><td>0</td><td>0</td></tr>
<tr><td colspan="5">汇款用途：技术使用权转让费用</td><td colspan="9" rowspan="3">汇出行盖章
年　月　日
中国工商银行
海平分行
四和支行
转讫</td></tr>
<tr><td colspan="5">上列款项已根据委托办理；如需查询，请持此回单来行面洽。</td></tr>
<tr><td colspan="5">单位主管　　会计　　复核　　记账</td></tr>
</table>

此联是给收款人的收款通知

附表 53－1

领　款　单

2018 年 12 月 21 日

今收到　财会处

人民币　（大写）贰佰元整　　　　（小写）¥200.00

系　付　生活困难补助

领款人：孙平　　　会计：　　　出纳：　　　审批：张进

附表 54－1

汽车运费结算单

2018 年 12 月 21 日　　　　第 4455 号

发货单位：西南公司	备注：代宏伟工厂垫付		
收货单位：宏伟工厂			
承运单位：山城汽车运输队	车号：4155 号	吨位：2 吨	里程：300 千米
货物件数：100 件	运费：¥132	人民币（大写）壹佰叁拾贰元整	

交委托单位

（有关人员盖章）杨得民

附表 54－2

浙江增值税专用发票

全国统一发票监制章 发票联 国家税务总局监制

NO 5020054851

开票日期：2018 年 12 月 21 日

购买方	名　　称：西南公司 纳税人识别号：310115188765874 地 址、电 话：洪湖市山城西路 58 号（85541520） 开户行及账号：工行洪湖市山城区支行 446978					密码区	（略）	
货物或应税劳务、服务名称	规格型号	单位	数量	单价	金额	税率	税额	
1 号产品		件	100	40.50	−4 050.00	16%	−648.00	
2 号产品		件	100	68.00	−6 800.00	16%	−1 088.00	
合计					￥−10 850.00		￥−1 736.00	
价税合计（大写）	⊗负壹万贰仟伍佰捌拾陆圆整				（小写）￥−12 586.00			
销售方	名　　称：宏伟工厂 纳税人识别号：310115123456789 地 址、电 话：洪湖市胜利路 100 号（69786520） 开户行及账号：工行洪湖市洪山区支行 008768					备注	宏伟工厂 310115123456789 发票专用章	

收款人：文静　　复核：李红　　开票人：胡强　　销售方：

第三联：发票联 购买方记账凭证

说明：此为红字增值税专用发票。

附表 54－3

托收承付结算 全部/部分 拒绝承付理由书 （代通知或收款通知）

承付日期：2018 年 12 月 21 日　　原托收号码 103548

收款单位	全称	宏伟工厂		付款单位	全称	西南公司	
	账号	008768			账号	446978	
	开户银行	洪山区支行	行号		开户银行	山城区支行	行号 4118
原托金额	211 117.50	拒付金额	12 718.00	部分承付金额	千　百 ￥　十 1　万 9　千 8　百 3　十 9　元 9　角 5　分 0		
附寄单证	4 张	部分承付金额（大写）		壹拾玖万捌仟叁佰玖拾玖元伍角			
拒付理由：1 号产品多发 100 件，2 号产品少发 100 件。差额 10 850.00 元，增值税税额 1 736.00 元，多发产品如数交运输部门退回，往返运费 132 元，总计 12 718.00 元应拒付。（付款单位盖章）							
银行意见：同意拒付（银行盖章）2018 年 12 月 21 日 中国工商银行 洪湖分行 山城区支行 转讫				宏伟工厂 312110330217721 发票专用章			

代收账通知或拒付通知

附表 55 - 1

差旅费报销单

报销日期 2018 年 12 月 21 日

姓名	周明　江群	职别		出差事由	参加会议
出差起止日期	自 2018 年 12 月 14 日至 2018 年 12 月 19 日止共 5 天，附单据 5 张				

年		起讫地点				车船费用			住宿费	其他费用	合计
月	日	起点	时间	终点	时间	交通工具	张数	金额			
12	14	洪湖	12.14	武汉		火车	2	402.00			402.00
12	19	武汉	12.19	洪湖		火车	2	398.00			398.00
									1 080.00		1 080.00
			小　计					800.00	1 080.00		￥1 880.00
合计：（大写）	×万壹仟捌佰捌拾元×角×分										

负责人：　　会计：　　审核：　　主管：　　出差人：周明　江群

附表 55 - 2

收款收据

对方科目	
	字第　分号

对方科目　　2018 年 12 月 21 日

交款单位	周明　江群	
摘　要	报销出差费用，归还预借款余款	
金　额	人民币（大写）壹佰贰拾元整	￥120.00

第三联　记账

附件　张

（印章：宏伟工厂　财务专用章）

主管：李红　　会计：　　业务：　　出纳：文静

附表 56-1

中国工商银行 转账支票 54698213

本支票付款期限十天

出票日期（大写） 贰零壹捌年壹拾贰月贰拾日 付款行名称：新街区支行

收款人：宏伟工厂 出票人账号：256894

人民币（大写）	亿	千	百	十	万	千	百	十	元	角	分
叁仟元整						¥	3	0	0	0	0

用途：房租

上列款项请从

我账户内支付

出票人签章

市商业公司 财务专用章

科目（借）

对方科目（贷）

转账日期 年 月 日

复核 记账

中国工商银行 洪湖分行 新街区支行 转讫

附表 56-2

收款收据

对方科目	
	字第 分号

对方科目 年 月 日

第三联 记账

交款单位		
摘　　要		
金　　额	人民币（大写）	¥

附件 张

财务主管： 审核： 制单：

附表 57－1

洪湖市电力公司电费结算单

2018 年 12 月 22 日

单位	宏伟工厂	类型	工业	月份	12 月份
电表起讫数码	用电量（度）	单价	金额		
625305～642685	17 380	￥1.40	￥24 332.00		
金额人民币（大写）	贰万肆仟叁佰叁拾贰元整				

主管：易作　　复核：陈俊　　经办：赵田

附表 57－2

委托收款凭证（付款通知）　5

委托日期　2018 年 12 月 22 日

<table>
<tr><td rowspan="3">付款人</td><td>全　称</td><td>宏伟工厂</td><td rowspan="3">收款人</td><td>全　称</td><td colspan="10">洪湖市电力公司</td></tr>
<tr><td>账号或地址</td><td>008768</td><td>账号或地址</td><td colspan="10">158279</td></tr>
<tr><td>开户银行</td><td>洪山区支行</td><td>开户银行</td><td colspan="10">西城区支行</td></tr>
<tr><td rowspan="2">委托金额</td><td rowspan="2">人民币（大写）</td><td colspan="3" rowspan="2">贰万肆仟叁佰叁拾贰元整</td><td>千</td><td>百</td><td>十</td><td>万</td><td>千</td><td>百</td><td>十</td><td>元</td><td>角</td><td>分</td></tr>
<tr><td></td><td></td><td>￥</td><td>2</td><td>4</td><td>3</td><td>3</td><td>2</td><td>0</td><td>0</td></tr>
<tr><td>款项内容</td><td>电费</td><td>委托收款凭证名称</td><td></td><td colspan="11">附寄单证　1</td></tr>
<tr><td colspan="2">备注：</td><td colspan="3">上列款项：
1. 已全部划回收入你方账户。
2. 已收回部分款项收入你方账户。
3. 全部未收到。</td><td colspan="10">中国工商银行
洪湖分行
洪山区支行
转讫
（付款人开户银行盖章）
年　月　日</td></tr>
</table>

此联是付款人开户银行给付款人按期付款的通知

附表 58－1

中国工商银行汇票委托书（存根） 1 第 号

委托日期20 年 月 日

<table>
<tr><td>收款人</td><td colspan="3"></td><td>汇款人</td><td colspan="10"></td></tr>
<tr><td>账号或地址</td><td colspan="3"></td><td>账号或地址</td><td colspan="10"></td></tr>
<tr><td>兑付地址</td><td>省 市 县</td><td>兑付行</td><td></td><td>汇款用途</td><td colspan="10"></td></tr>
<tr><td rowspan="2">汇款金额</td><td colspan="4" rowspan="2">人民币
（大写）</td><td>千</td><td>百</td><td>十</td><td>万</td><td>千</td><td>百</td><td>十</td><td>元</td><td>角</td><td>分</td></tr>
<tr><td></td><td></td><td></td><td></td><td></td><td></td><td></td><td></td><td></td><td></td></tr>
<tr><td colspan="4">备注：</td><td colspan="11">科目
对方科目
财务主管 复核 经办</td></tr>
</table>

此联由汇款人留存作记账传票

附表 59－1

洪湖市自来水结算单

2018 年 12 月 23 日 No：258634

单位	宏伟工厂		计费月份	12 月份
水表起讫数码	用水量（立方米）	单价	金额	备注
354678～363422	8 744	￥1.30	￥11 367.20	
金额人民币（大写）壹万壹仟叁佰陆拾柒元贰角整				

主管：费裕 复核：周珍 经办：刘心

附表 59－2

排水设施有偿使用收据

2018 年 12 月 23 日

单位	宏伟工厂			计费月份	12 月份
水表起讫数码	用水量（立方米）	折排水量 80%	单价	金额	备注
354678～363422	8 744	6 995.2	￥1.30	￥9 093.76	列入管理费用
金额人民币（大写）玖仟零玖拾叁元柒角陆分					

主管：费裕 复核：周珍 经办：刘心

附表 59-3

委托收款凭证（付款通知） 5

委托日期 2018 年 12 月 23 日

付款人	全称	宏伟工厂	收款人	全称	洪湖市自来水公司
	账号或地址	008768		账号或地址	158148
	开户银行	洪山区支行		开户银行	西城区支行
委托金额	人民币（大写）贰万零肆佰陆拾元玖角陆分			千百十万千百十元角分	¥ 2 0 4 6 0 9 6
款项内容	水费等	委托收款凭证名称		附寄单证	1
备注：		上列款项： 1. 已全部划回收入你方账户。 2. 已收回部分款项收入你方账户。 3. 全部未收到。		（付款人开户银行盖章） 年 月 日	

中国工商银行 洪湖分行 洪山区支行 转讫

此联是付款人开户银行给付款人按期付款的通知

附表 60-1

托收承付凭证（承付支款通知） 5

委托日期 2018 年 12 月 19 日

承付期限 到期 2018 年 12 月 24 日

付款人	全称	宏伟工厂	收款人	全称	江城公司
	账号或地址	008768		账号或地址	337876
	开户银行	洪山区支行		开户银行	黄河支行　行号 3309
托收金额	人民币（大写）壹万捌仟零捌拾贰元整			千百十万千百十元角分	¥ 1 8 0 8 2 0 0
附件		商品发运情况		合同名称号码	
附寄单证张数或册数	3				

备注

电划

付款人注意：

1. 根据结算办法规定，上列托收款项，如超过期限拒付，即视同全部承付，如系全额支付即以此联代支款通知；如遇延付或部分支付时，再由银行另送延付部分的支款通知。
2. 如需提前承付或多承付时，应另写书面通知送银行办理。
3. 如系全部或部分拒付，应在承付期限内另填拒绝承付理由书送银行办理。

中国工商银行 洪湖分行 洪山区支行 转讫

单位主管：　会计：　复核：　付款单位开户银行 2018 年 12 月 24 日

此联是付款人开户银行通知付款人承付货款的承付（　）通知

附表 60-2

浙江增值税专用发票

发票联

NO 5020010472

开票日期：2018年12月24日

购买方	名称：宏伟工厂 纳税人识别号：310115123456789 地址、电话：洪湖市胜利路100号（69786520） 开户行及账号：工行洪湖市洪山区支行008768				密码区	（略）	
货物或应税劳务、服务名称	规格型号	单位	数量	单价	金额	税率	税额
甲材料		千克	4 000	2.20	8 800.00	16%	1 408.00
乙材料		千克	4 000	1.60	6 400.00	16%	1 024.00
合计					¥15 200.00		¥2 432.00
价税合计（大写）	⊗壹万柒仟陆佰叁拾贰圆整				（小写）¥17 632.00		
销售方	名称：江城公司 纳税人识别号：312117800218526 地址、电话：黄河区永陵路78号 开户行及账号：工行黄河支行337876				备注	江城公司 312117800218526 发票专用章	

第三联：发票联 购买方记账凭证

收款人：陈明　　复核：陈明　　开票人：李海运　　销售方：

附表 60-3

××铁路局

货　票

2018年12月23日　　NO 084436

收货人	宏伟工厂			运价里程	1 000千米
货物名额	件数	货物重量（千克）		现付	
		铁路确定	发货人确定	费别	金额（元）
甲材料 乙材料		4 000 4 000	4 000 4 000	运费	350.00
				装车费	55.00
				过秤费	45.00
总计金额（大写）肆佰伍拾元整					450.00

（有关人员签章）李海

附表 60－4

材料采购运杂费分配表

2018 年 12 月 24 日　　分配标准：按重量比例

发货单位	江城公司			
材料名称	重量（千克）	分配率	分配金额（元）	备注
甲材料	4 000.00		225.00	
乙材料	4 000.00		225.00	
合　计	8 000.00	0.056 25	450.00	

会计主管：　　复核：　　制表：李科太

附表 60－5

宏伟工厂材料入库单

年　月　日　　编号：10007

交来单位及部门		发票号码或生产单号码			验收仓库				
名称及规格	单位	数量		实际价格				计划价格		成本差异
		交库	实收	单价	金额	运杂费	合计	单价	金额	
合计										

第三联　记账联

验收保管：　　采购：　　制单：

附表 61－1

固定资产折旧计算表

2018 年 12 月 24 日　　金额单位：元

部门	固定资产类型	固定资产原值（月初）	预计净残值	预计使用年限	年折旧额	月折旧
基本生产车间	房屋	54 000	21 600	40	12 960	1 080
	机床加工设备	1 069 552	37 648	10	103 190	8 599
	专用电子设备	200 452	8 500	10	19 195	1 600
	其他专用设备	61 620	2 460	20	2 958	247
	合计	1 385 624				11 526
机修车间	房屋	50 000	2 000	40	1 200	100
	机床加工设备	67 761	2 385	10	6 537	545
	其他专用设备	30 000	1 200	20	1 440	120
	合计	147 761				765
动力车间	房屋	20 000	800	40	480	40
	内燃发电组	55 938	2 238	20	2 685	224
	其他专用设备	5 000	200	20	240	20
	合计	80 938				284
管理部门房屋		2 171 875	86 875	40	52 125	4 344
总计		3 786 198				16 919

制表人：李军

附表 62－1

宏伟工厂出租固定资产折旧计算表

2018 年 12 月 24 日　　金额单位：元

项目	原值（月初）	月折旧率	月折旧额
仓库	180 000	0.3%	540.00
办公用品	162 000	0.3%	486.00
合计	342 000		1 026.00

制表人：李军

附表 63－1

中国工商银行　转账支票　　54695621

本支票付款期限十天

出票日期（大写）　贰零壹捌年壹拾贰月贰拾肆日　　付款行名称：台山区支行

收款人：宏伟工厂　　出票人账号：068752

人民币（大写）	亿	千	百	十	万	千	百	十	元	角	分
捌仟元整					¥	8	0	0	0	0	0

用途：现金股利　　科目（借）

上列款项请从　　对方科目（贷）

我账户内支付　　转账日期　年　月　日

出票人签章　　复核　记账

证券公司 财务专用章

中国工商银行 洪湖分行 台山区支行 转讫

附表 64－1

中国工商银行电汇凭证（收账通知）　　NO 6587412

委托日期　2018 年 12 月 25 日　　第　号

汇款人	全　称	嘉中公司			收款人	全　称	宏伟工厂		
汇款人	账　号或地址	094386			收款人	账　号或地址	008768		
汇款人	汇　出地　点	洪湖市	汇出行名　称	新四支行	收款人	汇　入地　点	洪湖市	汇入行名　称	洪山区支行

金额	人民币（大写）	千	百	十	万	千	百	十	元	角	分
	陆佰元整						¥	6	0	0	0

汇款用途：应收货款

上列款项已根据委托办理；如需查询，请持此回单来行面洽。　　汇出行盖章　年　月　日

单位主管　会计　复核　记账

此联是给收款人的收款通知

中国工商银行 洪湖分行 新四支行 转讫

附表 65-1

中国工商银行**电汇凭证**（收账通知） NO 6587413

委托日期 2018 年 12 月 25 日 第 号

汇款人	全称	C公司			收款人	全称	宏伟工厂									
	账号或地址	352971				账号或地址	008768									
	汇出地点	洪湖市	汇出行名称	新河区支行		汇入地点	洪湖市		汇入行名称			洪山区支行				
金额	人民币（大写）	壹万捌仟肆佰元整				千	百	十	万	千	百	十	元	角	分	
								¥	1	8	4	0	0	0	0	
汇款用途：前欠货款						汇出行盖章 年 月 日										
上列款项已根据委托办理；如需查询，请持此回单来行面洽。																
单位主管 会计 复核 记账																

（印章：中国工商银行 洪湖分行 新河区支行 转讫）

此联是给收款人的收款通知

附表 66-1

浙江增值税专用发票 NO 5020010472

（印章：全国统一发票监制章 发票联 国家税务总局监制）

开票日期：2018 年 12 月 26 日

购买方	名称：宏伟工厂 纳税人识别号：310115123456789 地址、电话：洪湖市胜利路 100 号（69786520） 开户行及账号：工行洪湖市洪山区支行 008768				密码区	（略）	
货物或应税劳务、服务名称	规格型号	单位	数量	单价	金额	税率	税额
手电钻		个	1	378.00	378.00	16%	60.48
合计					¥378.00		¥60.48
价税合计（大写）	⊗肆佰叁拾捌元肆角捌分				（小写）¥438.48		
销售方	名称：市五金公司 纳税人识别号：312117800632145 地址、电话：黄河区四平路 56 号 开户行及账号：工行四平支行 021457				备注	市五金公司 312117800632145 发票专用章	

收款人：吴平 复核：吴平 开票人：钱娟苹 销售方：

第三联：发票联 购买方记账凭证

附表 66-2

中国工商银行 转账支票 1105637

本支票付款期限十天

出票日期（大写） 年 月 日　　付款行名称：

收款人：　　出票人账号：

人民币（大写）	亿	千	百	十	万	千	百	十	元	角	分

用途：________　　科目（借）

上列款项请从　　对方科目（贷）

我账户内支付　　转账日期 年 月 日

出票人签章　　复核 记账

中国工商银行 洪湖分行 洪山区支行 转讫

附表 66-3

宏伟工厂材料入库单

年 月 日　　编号：10008

交来单位及部门			发票号码或生产单号码				验收仓库			
名称及规格	单位	数量		实际价格				计划价格		成本差异
		交库	实收	单价	金额	运杂费	合计	单价	金额	
合计										

第三联 记账联

验收保管：　　采购：　　制单：

附表 67 - 1

中国工商银行　转账支票　　1105638

本支票付款期限十天

出票日期（大写）　年　月　日　　付款行名称：

收款人：　　出票人账号：

人民币（大写）	亿	千	百	十	万	千	百	十	元	角	分

用途：________

上列款项请从

我账户内支付

出票人签章

科目（借）

对方科目（贷）

转账日期　年　月　日

复核　记账

中国工商银行 洪湖分行 洪山区支行 转 讫

附表 67 - 2

对方科目	
	字第　分号

收款收据

对方科目　　2018 年 12 月 26 日

第三联 记账

交款单位	宏伟工厂	
摘　要	排污费	
金　额	人民币（大写）陆仟元整	￥6 000.00

附件　张

市环保监理站 财务专用章

主管：王田　会计：　业务：　出纳：陈军

附表 68－1

材料盘盈（亏）报告表

仓库：材料库　　2018 年 12 月 27 日　　差异率：2.44%（上月）

品名	规格	单位	计划单价（元）	数量（千克）		金额（元）	原因
				盘盈	盘亏		
甲材料		千克	2.24	100		224.00	自然升溢
乙材料		千克	1.64		500	820.00	管理不善
合计				100	500	1 044.44	

制表人：金小明

附表 69－1

固定资产盘盈（亏）报告表

2018 年 12 月 27 日　　单位：元

名称	计量单位	盘盈			盘亏			原因
		数量	重量完全价值	估计已提折旧	数量	原值	已提折旧	
车床	台	1	20 000.00	6 000.00				自制设备
合计		1	20 000.00	6 000.00				

制表人：金小明

附表 70－1

宏伟工厂业务招待费汇总表

2018 年 12 月 28 日

部　门	业务科	原始单据	23 张
事　由	业务往来单位洽谈接待就餐补助及接送车费用		
支付金额	人民币（大写）贰仟柒佰玖拾肆元整		￥2 794.00
核算金额	人民币（大写）贰仟柒佰玖拾肆元整		￥2 794.00
备　注	接待单位和支付标准均经厂领导同意 （附件略）		

制表人：王进

附表 71-1

浙江增值税专用发票

发票联（全国统一发票监制章 国家税务总局监制）

NO 5020569842

开票日期：2018 年 12 月 28 日

购买方	名　　称：宏伟工厂 纳税人识别号：310115123456789 地 址 、电 话：洪湖市胜利路 100 号 (69786520) 开户行及账号：工行洪湖市洪山区支行 008768				密码区	（略）	
货物或应税劳务、服务名称	规格型号	单　位	数　量	单　价	金　额	税率	税　额
甲材料		千克	3 000	2.15	6 450.00	16%	1 032.00
乙材料		千克	3 000	1.50	4 500.00	16%	720.00
合计					¥10 950.00		¥1 752.00
价税合计（大写）	⊗壹万贰仟柒佰零贰圆整				（小写）¥12 702.00		
销售方	名　　称：江城公司 纳税人识别号：312117800218526 地 址、电 话：黄河区永陵路 78 号 开户行及账号：工行黄河支行 337876				备注	江城公司 312117800218526 发票专用章	

收款人：陈明　　复核：陈明　　开票人：李海运　　销售方：

第三联：发票联　购买方记账凭证

附表 71-2

火车货物运费结算单

2018 年 12 月 28 日

发货单位：江城公司	说明：代宏伟工厂垫付	
收货单位：宏伟工厂	由收货单位负责	
承运单位：四通铁路局	里程：150 千米	
货物件数：2	运费：¥450	人民币大写：肆佰伍拾元整

（有关人员盖章）钟明

交收货单位

附表 71－3

材料采购运杂费分配表

2018 年 12 月 28 日　　　　分配标准：按重量比例

发货单位	江城公司			
材料名称	重量（千克）	分配率	分配金额（元）	备注
甲材料	3 000.00		225.00	
乙材料	3 000.00		225.00	
合　计	6 000.00	0.075	450.00	

会计主管：　　　　复核：　　　　制表：李科太

附表 71－4

银行承兑汇票（存根）　3

汇票号码 第 008 号

出票日期（大写）　贰零壹捌年壹拾贰月贰拾捌日

收款人	全　称	江城公司			付款人	全　称	宏伟工厂		
	账　号	337876				账　号	008768		
	开户银行	黄河支行	行号	3309		开户银行	洪山区支行	行号	2604

汇票金额	人民币（大写）	千	百	十	万	千	百	十	元	角	分
	壹万叁仟壹佰伍拾贰元整			¥	1	3	1	5	2	0	0

汇票到期日（大写）	贰零壹玖年陆月贰拾捌日（次年）			
备注：	承兑协议编号	0194	交易合同号码	0028

中国工商银行
洪湖分行
黄河支行
转
讫

负责：钱远　　经办：张海

此联出票人存查

附表 71－5

银行承兑协议

银行承兑汇票的内容：

收款人全称：江城公司	付款人全称：宏伟工厂
开 户 银 行：黄河支行	开 户 银 行：洪山区支行
账　　号：337876	账　　号：008768
汇 票 号 码：008	汇 票 金 额（大写）壹万叁仟壹佰伍拾贰元整
签 发 日 期：2018 年 12 月 28 日	到 期 日 期：2019 年 6 月 28 日（次年）

以上汇票经承兑银行承兑，承兑申请人（下称申请人）愿遵守《银行结算办法》的规定以及下列条款：

一、申请人于汇票到期日前将应付票款足额交存承兑银行。

二、承兑手续费按票面金额千分之（4）计算，在银行承兑时一次付清。

三、承兑汇票如发生任何交易纠纷，均由收付双方自行处理，票款于到期前仍按第一条办理。

四、承兑汇票到期日，承兑银行凭票无条件支付票款。如到期日之前申请人不能足额交付票款时，承兑银行对不足额支付部分的票款转作承兑申请人逾期贷款，并按照有关规定计收罚息。

五、承兑汇票款付后，本协议自动失效。

本协议第一、二联分别由承兑银行信贷部门和承兑申请人存执。协议副本由银行会计部门存查。

承兑银行：洪山区支行（盖章）　承兑申请人：宏伟工厂（盖章）

订立承兑协议日期：2018 年 12 月 28 日

中国工商银行 洪潮分行 洪山区支行 转讫

宏伟工厂 310115123456789 发票专用章

附表 72－1

中国工商银行　转账支票　1105639

出票日期（大写）　年　月　日　　付款行名称：

收款人：　　出票人账号：

本支票付款期限十天

人民币（大写）	亿	千	百	十	万	千	百	十	元	角	分

用途：

上列款项请从

我账户内支付

出票人签章

科目（借）

对方科目（贷）

转账日期　年　月　日

复核　记账

中国工商银行 洪潮分行 洪山区支行 转讫

附表 72－2

收款收据

对方科目	
	字第　分号

对方科目　　　　　　　　　　　　2018 年 12 月 29 日

第三联 记账			
交款单位	宏伟工厂		
摘　要	租赁费		
金　额	人民币（大写）伍仟元整	信财租赁公司 财务专用章	¥5 000.00

附件　张

主管：田英明　会计：　业务：　出纳：张健

附表 73－1

收款收据

对方科目	
	字第　分号

对方科目　　　　　　　　　　　　2018 年 12 月 29 日

第三联 记账			
交款单位	宏伟工厂		
摘　要	代垫运费		
金　额	人民币（大写）肆佰元整	申达机械厂 财务专用章	¥400.00

附件　张

主管：张平　会计：　业务：　出纳：陈娟

附表 73－2

浙江增值税专用发票

发票联（全国统一发票监制章 国家税务总局监制）

NO 5469821352

开票日期：2018 年 12 月 29 日

购买方	名　　称：宏伟工厂 纳税人识别号：310115123456789 地 址、电 话：洪湖市胜利路 100 号（69786520） 开户行及账号：工行洪湖市洪山区支行 008768	密码区	（略）

货物或应税劳务、服务名称	规格型号	单位	数量	单　价	金　额	税率	税　额
生产设备		台	1	56 000.00	56 000.00	16%	8 960.00
合计					¥56 000.00		¥8 960.00
价税合计（大写）	⊗陆万肆仟玖佰陆拾圆整				（小写）¥64 960.00		

销售方	名　　称：申达机械厂 纳税人识别号：378001211212685 地 址、电 话：新城区仁爱路 78 号 开户行及账号：工行新城支行 067395	备注	申达机械厂 378001211212685 发票专用章

收款人：陈玲　　复核：陈玲　　开票人：吴红星　　销售方：

第三联：发票联　购买方记账凭证

附表 73－3

委托收款凭证（付款通知）　5

委托日期　2018 年 12 月 29 日

付款人	全　称	宏伟工厂	收款人	全　称	申达机械厂
	账号或地址	008768		账号或地址	067395
	开户银行	洪山区支行		开户银行	新城支行

委托金额	人民币（大写）	千	百	十	万	千	百	十	元	角	分
	陆万伍仟叁佰陆拾元整			¥	6	5	3	6	0	0	0

款项内容	销货款	委托收款凭证名称		附寄单证	3

备注：	上列款项： 1. 已全部划回收入你方账户。 2. 已收回部分款项收入你方账户。 3. 全部未收到。	中国工商银行 洪湖分行 洪山区支行 转讫 （付款人开户银行盖章） 年　月　日

此联是付款人开户银行给付款人按期付款的通知

附表 74－1

财产盘盈盘亏审批处理单

2018 年 12 月 30 日

摘　　要	金　　额（元）	处理意见
盘盈甲材料（计划成本）	224.00	冲减管理费用
盘亏乙材料（计划成本）	820.00	保管员赔偿 10% 其余列入管理费用

有关人员签章：李洁

附表 75－1

宏伟工厂材料入库单

年　月　日　　　　编号：10009

交来单位及部门		发票号码或生产单号码		验收仓库	

名称及规格	单位	数量		实际价格				计划价格		成本差异
		交库	实收	单价	金额	运杂费	合计	单价	金额	
合计										

第三联　记账联

验收保管：　　采购：　　制单：

附表 76－1

中国工商银行放款利息通知单（代付出传票）

2018 年 12 月 30 日　　　　NO 134685

户名	宏伟工厂	账号	008768
利息计算时间	2018 年 12 月 1 日起 12 月 31 日止	积数 512 000	利率 9%
利息金额	人民币（大写）叁仟捌佰肆拾元整	十 万 千 百 十 元 角 分	¥ 3 8 4 0 0 0
上列利息已由你厂存款户扣收 中国工商银行 洪山区支行		科目 转账　2018 年 12 月 31 日 复核：　记账：钟和　制单：林园	

中国工商银行
洪湖分行
洪山区支行
转
讫

附表 77－1

长期借款利息计算表

2018 年 12 月 30 日　　第 5451 号

存款人	账号		贷款种类	基数金额（元）	利率（%）	利息金额（元）
	户名		贷款			
贷款人	账号	008768	贷款	200 000	10.5	21 000.00
	户名	宏伟工厂				
利息金额合　计	人民币（大写）	贰万壹仟元整		¥21 000.00		
计息期本年		生产车间扩建工程尚未完工应计 2 000 元，其他列入财务费用				

制表人：陈明

附表 78－1

内部转账单

2018 年 12 月 30 日　　第　　号

户　名	摘　要	金　额（元）	备　注
大兴公司	经批准其他应付款转“营业外收入”账户	800.00	

附表 79－1

坏账准备计算表

2018 年 12 月 31 日　　金额单位：元

年末（计提前）坏账准备余额	年末应收账款余额	年末其他应收款余额	计提比例	应计提坏账准备金	年终应补提（冲销）坏账准备
1 094.00			4 ‰		

附表 80－1

无形资产摊销表

2018 年 12 月 31 日 单位：元

车间或部门	专利权	非专利技术
管理部门	1 500.00	400.00
合　计	1 500.00	400.00

制表人：张田

附表 81－1

电费分配表

2018 年 12 月

产品、部门、项目	电力耗用量（度）	分配率	应分配金额（元）
1 号产品	2 034		2 847.60
2 号产品	8 960		12 544.00
动力车间	845		1 183.00
机修车间	977		1 367.80
基本生产车间	2 086		2 920.40
管理部门	3 200		4 480.00
合　计	18 102	1.40	25 342.80

附表 82－1

水费分配表

2018 年 12 月

部门、项目	定额耗用量（立方米）	分配率	应分配金额（元）	备注
动力车间	486		631.80	
机修车间	550		715.00	
基本生产车间	1 820		2 366.00	
管理部门	6 094		7 922.20	
合计	8 950	1.30	11 635.00	

附表 83-1

发料凭证汇总表

2018 年 12 月

材料名称	单位	数量	单位计划成本（元）	金额（元）	备注
甲材料	千克	8 123.00	2.24	18 195.52	
乙材料	千克	6 727.48	1.64	11 033.07	
丙材料	千克	1 824.00	16.00	29 184.00	
修理用备件	件	2 740.00	1.40	3 836.00	
燃料	吨	0.50	1 500.00	750.00	
其他材料				4 453.99	
合计				67 452.58	

附表 83-2

发料凭证分配汇总表

2018 年 12 月　　　　材料成本差异率：

总账科目	明细账科目	原料及主要材料计划成本	其他材料计划成本	小计	材料成本差异额	总计
生产成本——基本生产成本	1 号产品	29 353.10	4.98	29 358.08		
	2 号产品	23 136.21	0	23 136.21		
生产成本——辅助生产成本	动力车间	874.08	37.96	912.04		
	机修车间	574.44	49.95	624.39		
制造费用	材料消耗	0	2 932.11	2 932.11		
管理费用	公司经费	0	818.19	818.19		
其他业务成本	材料销售	6 560.00	0	6 560.00		
销售费用	物料消耗	0	464.55	464.55		
在建工程	车间扩建工程	2 500.76	146.25	2 647.01		
合　计		62 998.59	4 453.99	67 452.58		

说明：先计算材料成本差异率和发出材料应分摊的材料成本差异额，并将计算结果填入表内，然后根据该原始凭证填制记账凭证，差异额保留两位小数，第三位四舍五入。

附表 83-3

领用包装物汇总表

2018 年 12 月

产品、部门、项目	计划成本（元）	包装物		
		差异率（%）	材料成本差异额（元）	实际成本（元）
1 号产品	2 870.00		14.35	2 855.65
2 号产品	3 458.00		17.29	3 440.71
合计	6 328.00	0.5	31.64	6 296.36

说明：差异率和材料成本差异额均为红字。　　制表：金小明

附表 84-1

低值易耗品领用及摊销表

2018 年 12 月 31 日　　金额单位：元

领用车间、部门	材料成本差异额			本月领用实际成本
	本月领用计划成本合计	差异率（%）	差异额	
基本生产车间	9 175.00		91.75	9 266.75
动力车间	818.00		8.18	826.18
机修车间	1 715.00		17.15	1 732.15
管理部门	1 257.00		12.57	1 269.57
合计	12 965.00	1	129.65	13 094.65

附表 85-1

辅助生产情况

2018 年 12 月 31 日

产品、部门、项目	机修车间服务量（工时）	动力车间供电量（度）
1 号产品	350	1 900
2 号产品	400	2 500
基本生产车间	50	300
机修车间	0	100
动力车间	50	0
管理部门	100	100
车间扩建工程	100	200
合计	1 050	5 100

制表：胡平

附表 85-2

辅助生产费用分配表（直接分配法）

2018 年 12 月 31 日　　金额单位：元

受益产品、部门	机修车间			动力车间		
	劳务数量（工时）	单位成本	应分配金额	劳务数量（度）	单位成本	应分配金额
1 号产品	350			1 900		
2 号产品	400			2 500		
基本生产车间	50			300		
机修车间	—			—		
动力车间	—			—		
管理部门	100			100		
车间扩建工程	100			200		
合　计	1 000			5 000		

说明：先用直接分配法分配，计算辅助生产费用率，然后根据费用分配表编制记账凭证。

附表 86-1

基本生产车间制造费用分配表

2018 年 12 月 31 日

产　品	生产工时	分配率	应分配金额（元）
1 号产品	14 740		
2 号产品	13 240		
合 计	27 980		

说明：分配率保留四位小数，第五位四舍五入，余额倒挤入 2 号产品。

附表 87-1

生产情况报告单

编报单位：基本生产车间　　2018 年 12 月

产品名称	单位	月初在产品	本月投产	本月完成入库	月末在产品	月末在产品完工程度
1 号产品	件	80	9 420	9 000	500	50%
2 号产品	件	80	3 420	3 400	100	50%

说明：原材料均一次投料。　　制表人：李明

附表 87－2

产品入库汇总表

编报单位：成品仓库　　　　2018 年 12 月

编号	品名	单位	数量	备注
	1 号产品	件	9 000	
	2 号产品	件	3 400	

主管：李浩然　　　　记账：张忠　　　　保管：胡立

附表 87－3

生产成本计算表

完工产品：9 000 件

产品名称：1 号产品　　　　2018 年 12 月　　　　在产品：500 件　　　　完成程度：50%

摘　　要	成本项目			合　　计
	直接材料	直接人工	制造费用	
月初在产品成本	841.42	212.21	522.44	1 576.07
本月生产费用				
合　　计				
约当产量				
单位成本				
完工产品成本				
在产品成本				

说明：根据"生产成本"明细账，编制生产成本计算表，计算完工产品和在产品成本，然后将完工产品成本进行结转，原材料一次投料。

附表 87－4

生产成本计算表

完工产品：3 400 件

产品名称：2 号产品　　　　2018 年 12 月　　　　在产品：100 件　　　　完成程度：50%

摘　　要	成本项目			合　　计
	直接材料	直接人工	制造费用	
月初在产品成本	1 616.90	210.19	628.57	2 455.66
本月生产费用				
合　　计				
约当产量				
单位成本				
完工产品成本				
在产品成本				

说明：根据"生产成本"明细账，编制生产成本计算表，计算完工产品和在产品成本，然后将完工产品成本进行结转，原材料一次投料。

附表 88－1

产品销售汇总表

2018 年 12 月 31 日　　金额单位：元

项目	1 号产品		2 号产品		合计
	数量（件）	金额	数量（件）	金额	
月初结存	5 030	98 588.00	6 560	350 960.00	449 548.00
本月入库	9 000		3 400		
合计	14 030		9 960		
加权平均单价					
本月销售产品成本	5 020		5 484		

说明：发出产品加权平均单价，保留四位小数，第五位四舍五入。

附表 89－1

宏伟工厂材料入库单

2018 年 12 月 31 日　　编号：10010

交来单位及部门	围城公司	发票号码或生产单号码				验收仓库				
名称及规格	单位	数量		实际价格(元)				计划价格(元)		成本差异
		交库	实收	单价	金额	运杂费	合计	单价	金额	
甲材料	千克	2 500	2 500					2.24	5 600.00	
丙材料	千克	3 500	3 500					16.00	56 000.00	
合计									61 600.00	

第三联 记账联

制单：胡立

附表 90－1

应交增值税计算表

年　月　日　　金额单位：元

项目	销项税额	进项税额	进项税额转出	应交增值税	本月已交增值税	本月未交（或多交）增值税
金额						

说明：本表依据“应交增值税”明细账有关数据填列。

附表 90 - 2

应交城市维护建设税、教育费附加计算表

年　月　日　　　　金额单位：元

项　目	计算基数	比　例	金　额
应交城市维护建设税		7%	
应交教育费附加		3%	

附表 91 - 1

内部转账单（一）

所属日期：2018 年 12 月 31 日

摘　要	转账项目	金　额（元）
结转到本年利润账户	主营业务收入	
结转到本年利润账户	营业外收入	
结转到本年利润账户	其他业务收入	
合　计		

说明：根据账簿资料填写。　　　　（有关人员盖章）：

附表 91 - 2

内部转账单（二）

所属日期：2018 年 12 月 31 日

摘　要	转账项目	金　额（元）
结转到本年利润账户	主营业务成本	
结转到本年利润账户	其他业务成本	
结转到本年利润账户	销售费用	
结转到本年利润账户	税金及附加	
结转到本年利润账户	管理费用	
结转到本年利润账户	财务费用	
结转到本年利润账户	资产减值损失	
结转到本年利润账户	营业外支出	
合　计		

说明：根据账簿资料填写。　　　　（有关人员盖章）：

附表 93－1

利润分配计算表

2018 年 12 月　　　　金额单位：元

分配项目	分配依据金额	分配率	已分配金额	应分配金额
法定盈余公积		10%	45 776.00	
任意盈余公积		5%		
向投资者分配		45%	173 664.00	
合　计			219 440.00	

宏伟工厂 2018 年 12 月经济业务会计分录参考

（1）借：库存现金	1 000	
贷：银行存款		1 000
（2）借：预付账款——围城公司	50 000	
贷：银行存款		50 000
（3）1）借：材料采购——甲材料	11 275	
——乙材料	8 275	
应交税费——应交增值税（进项税额）	3 040	
贷：银行存款		22 590
2）借：原材料——原料及主要材料——甲材料	11 200	
——乙材料	8 200	
材料成本差异——原材料	150	
贷：材料采购——甲材料		11 275
——乙材料		8 275
（4）借：银行存款	60 460	
贷：应收账款——B公司		60 460
（5）借：银行存款	44 640	
贷：应收账款——A公司		44 640
（6）借：原材料——原料及主要材料——丙材料	22 400	
材料成本差异——原材料	700	
贷：材料采购——丙材料		23 100
（7）借：材料采购——甲材料	11 500	
——乙材料	9 000	
——其他材料	1 500	
应交税费——应交增值税（进项税额）	3 520	
贷：应付票据——江城公司		25 520
（8）借：原材料——原料及主要材料——燃料	3 000	
贷：材料采购——燃料		3 000
（9）借：银行存款	53 360	
贷：主营业务收入——1号产品		32 400
——2号产品		13 600
应交税费——应交增值税（销项税额）		7 360
（10）借：应交税费——未交增值税	11 078.76	
——应交城市维护建设税	775.51	
——应交所得税	15 301.21	
——应交教育费附加	332.36	
贷：银行存款		27 487.84

（11）1）借：银行存款	285 000	
贷：主营业务收入——1 号产品		56 700
——2 号产品		183 600
应交税费——应交增值税（销项税额）		38 448
其他应付款——B 公司		6 252
2）借：其他应付款——B 公司	6 252	
贷：银行存款		6 252
（12）借：固定资产清理——固定资产报废清理	20 000	
累计折旧	80 000	
贷：固定资产——生产用固定资产		100 000
（13）借：管理费用——办公费（描图费）	88	
贷：库存现金		88
（14）借：其他应收款——勤丰电器厂（押金）	500	
贷：银行存款		500
（15）借：生产成本——辅助生产成本（机修车间）	200	
贷：库存现金		200
（16）1）借：银行存款	14 600	
贷：固定资产清理——固定资产报废清理		14 600
2）借：营业外支出——固定资产报废损失	5 400	
贷：固定资产清理——固定资产报废清理		5 400
（17）借：原材料——其他材料	4 500	
贷：材料采购——其他材料		4 500
（18）1）借：材料采购——甲材料	2 808	
——丙材料	3 900	
应交税费——应交增值税（进项税额）	1 032.00	
贷：银行存款		7 740.00
2）借：原材料——原料及主要材料——甲材料	3 024	
——丙材料	4 000	
贷：材料采购——甲材料		2 808
——丙材料		3 900
材料成本差异——原材料		316
（19）借：销售费用——广告费	20 000	
贷：银行存款		20 000
（20）借：银行存款	1 100 000	
贷：应付债券——债券面值		1 000 000
——利息调整		100 000

(21) 借：应付职工薪酬——职工教育经费	500	
贷：库存现金		500
(22) 1) 借：其他应收款——光华工厂	200	
贷：银行存款		200
2) 借：应收账款——光华工厂	4 724	
贷：其他业务收入——出售材料（丙）		3 900
应交税费——应交增值税（销项税额）		624
其他应收款——光华工厂		200
(23) 1) 借：在建工程——车床安装工程	6 000	
贷：银行存款		6 000
2) 借：固定资产——生产用固定资产	44 000	
贷：在建工程——车床安装工程		44 000
(24) 借：营业外支出——违约金	2 800	
贷：银行存款		2 800
(25) 借：应付职工薪酬——工会经费	1 200	
贷：银行存款		1 200
(26) 借：其他应收款——周明	2 000	
贷：银行存款		2 000
(27) 1) 借：材料采购——甲材料	5 237.67	
——丙材料	53 162.33	
应交税费——应交增值税（进项税额）	8 920.00	
贷：预付账款——围城公司		67 320.00
2) 借：预付账款——围城公司	19 320.00	
贷：银行存款		19 320.00
3) 借：原材料——原料及主要材料——甲材料	5 600	
——丙材料	56 000	
贷：材料采购——甲材料		5 237.67
——丙材料		53 162.33
材料成本差异——原材料		3 200.00
(28) 1) 借：其他应收款——西南公司	2 247.90	
贷：银行存款		2 247.90
2) 借：应收账款——西南公司	211 117.50	
贷：主营业务收入——1号产品		37 260.00
——2号产品		142 800.00
应交税费——应交增值税（销项税额）		28 809.60
其他应收款——西南公司		2 247.90

(29) 借：银行存款	19 300	
贷：应收票据——B 公司		19 300
(30) 借：持有至到期投资——成本	50 250	
贷：银行存款		50 250
(31) 借：管理费用——差旅费	76	
——办公费	320	
——其他	84	
贷：银行存款		480
(32) 借：应付职工薪酬——职工福利	3 456.80	
贷：银行存款		3 456.80
(33) 借：税金及附加——印花税	150	
贷：库存现金		150
(34) 1) 借：管理费用——差旅费	1 578	
贷：库存现金		1 578
2) 借：库存现金	1 500	
贷：其他应收款——江军		1 500
(35) 1) 借：库存现金	249 252.56	
贷：银行存款		249 252.56
2) 借：应付职工薪酬——工资	249 252.56	
贷：库存现金		249 252.56
(36) 借：应付职工薪酬——工资	16 850	
贷：银行存款		16 850
(37) 借：生产成本——基本生产成本——1 号产品	53 001.84	
——2 号产品	47 608.16	
——辅助生产成本——机修车间	59 020.00	
——动力车间	47 620.00	
制造费用——工资	20 499.56	
管理费用——工资	38 353.00	
贷：应付职工薪酬——工资		266 102.56
(38) 借：生产成本——基本生产成本——1 号产品	1 060.04	
——2 号产品	952.16	
——辅助生产成本——机修车间	1 180.40	
——动力车间	952.40	
制造费用——工会经费	409.99	
管理费用——工会经费	767.06	
贷：应付职工薪酬——工会经费		5 322.05

(39) 借：银行存款	6 003.00	
贷：其他业务收入——出售材料收入		5 175.00
应交税费——应交增值税（销项税额）		828.00
(40) 1) 借：财务费用——利息支出	346.67	
贷：应收票据——A公司		346.67
2) 借：银行存款	79 653.33	
贷：应收票据——A公司		79 653.33
(41) 借：在建工程——车间扩建工程	150 000	
贷：银行存款		150 000
(42) 1) 借：其他应收款——C公司	720	
贷：银行存款		720
2) 借：应收账款——C公司	24 210.00	
贷：主营业务收入——1号产品		20 250.00
应交税费——应交增值税（销项税额）		3 240.00
其他应收款——C公司		720.00
(43) 借：固定资产——租出固定资产	162 000	
贷：固定资产——不需用固定资产		162 000
(44) 借：银行存款	2 600	
贷：其他业务收入——固定资产出租		2 600
(45) 借：应收票据——B公司	116 535.92	
贷：主营业务收入——1号产品		60 750.00
——2号产品		39 712.00
应交税费——应交增值税（销项税额）		16 073.92
(46) 借：预付账款——四明工厂	20 000	
贷：银行存款		20 000
(47) 借：无形资产——专利权	3 000	
贷：银行存款		3 000
(48) 1) 借：固定资产清理——出售固定资产	35 000	
累计折旧	15 000	
贷：固定资产——不需用固定资产		50 000
2) 借：银行存款	38 000	
贷：固定资产清理——出售固定资产		38 000
3) 借：固定资产清理——出售固定资产	3 000	
贷：营业外收入		3 000
(49) 借：长期待摊费用——租入固定资产改良支出	36 000	
贷：银行存款		36 000

(50) 借：库存现金	1 000	
贷：银行存款		1 000
(51) 借：管理费用——业务招待费	500	
贷：库存现金		500
(52) 借：银行存款	45 000	
贷：其他业务收入——技术转让		45 000
(53) 借：应付职工薪酬——职工福利	200	
贷：库存现金		200
(54) 1) 借：应收账款——西南公司	12 718.00	
销售费用——运杂费	132.00	
贷：主营业务收入——1 号产品		4 050.00
——2 号产品		6 800.00
应交税费——应交增值税（销项税额）		1 736.00
2) 借：银行存款	198 399.50	
贷：应收账款——西南公司		198 399.50
(55) 1) 借：管理费用——差旅费	1 880	
贷：库存现金		1 880
2) 借：库存现金	2 000	
贷：其他应收款——周明、江群		2 000
(56) 借：银行存款	3 000	
贷：其他业务收入——固定资产出租		3 000
(57) 借：应付账款——电力局	24 332	
贷：银行存款		24 332
(58) 借：预付账款——广东佛山南科公司	10 000	
贷：银行存款		10 000
(59) 借：管理费用——排水设施费	9 093.76	
应付账款——自来水公司	11 367.20	
贷：银行存款		20 460.96
(60) 1) 借：材料采购——甲材料	9 025	
——乙材料	6 625	
应交税费——应交增值税（进项税额）	2 432	
贷：银行存款		18 082
2) 借：原材料——原料及主要材料——甲材料	8 960	
——乙材料	6 560	
材料成本差异——原材料	130	

贷：材料采购——甲材料 9 025
——乙材料 6 625

（61）借：生产成本——辅助生产成本——动力车间 284
——机修车间 765
制造费用——折旧费 11 526
管理费用——折旧费 4 344
贷：累计折旧 16 919

（62）借：其他业务成本——固定资产出租 1 026
贷：累计折旧 1 026

（63）借：银行存款 8 000
贷：应收股利 8 000

（64）1）借：应收账款——嘉中公司 600
贷：坏账准备 600
2）借：银行存款 600
贷：应收账款——嘉中公司 600

（65）借：银行存款 18 400
贷：应收账款——C公司 18 400

（66）借：周转材料——低值易耗品 374.00
材料成本差异——低值易耗品 4.00
应交税费——应交增值税（进项税额） 60.48
贷：银行存款 438.48

（67）借：管理费用——排污费 6 000
贷：银行存款 6 000

（68）1）借：原材料——原料及主要材料——甲材料 224.00
材料成本差异——原材料 5.47
贷：待处理财产损溢——待处理流动资产损溢 229.47
2）借：待处理财产损溢——待处理流动资产损溢 974.41
贷：原材料——原料及主要材料——乙材料 820.00
材料成本差异——原材料 20.01
应交税费——应交增值税（进项税额转出） 134.40

（69）1）借：固定资产——生产用固定资产 20 000
贷：累计折旧 6 000
以前年度损益调整 14 000
2）借：以前年度损益调整 3 500
贷：应交税费——应交所得税 3 500
3）借：以前年度损益调整 1 050

贷：盈余公积——法定盈余公积 1 050

4）借：以前年度损益调整 9 450

贷：利润分配——未分配利润 9 450

（70）借：管理费用——业务招待费 2 794

贷：银行存款 2 794

（71）1）借：材料采购——甲材料 6 675.00

——乙材料 4 725.00

应交税费——应交增值税（进项税额） 1 752.00

贷：应付票据——江城公司 13 152.00

2）借：财务费用——手续费 53.04

贷：库存现金 53.04

（72）借：长期应付款——融资租入固定资产租赁费 5 000

贷：银行存款 5 000

（73）借：在建工程——车间扩建工程 56 400

应交税费——应交增值税（进项税额） 8 960

贷：银行存款 65 360

（74）1）借：待处理财产损溢——待处理流动资产损溢 229.47

贷：管理费用——物料损耗 229.47

2）借：管理费用——物料损耗 876.97

其他应收款——保管员 97.44

贷：待处理财产损溢——待处理流动资产损溢 974.41

（75）借：原材料——原料及主要材料——甲材料 6 720

——乙材料 4 920

贷：材料采购——甲材料 6 675

——乙材料 4 725

材料成本差异——原材料 240

（76）借：财务费用——利息支出 3 840

贷：银行存款 3 840

（77）借：在建工程——车间扩建工程 2 000

财务费用——利息支出 19 000

贷：应付利息 21 000

（78）借：其他应付款——大兴公司 800

贷：营业外收入 800

（79）借：坏账准备——坏账准备 971.28

贷：资产减值损失 971.28

（80）借：管理费用——无形资产摊销 1 900

贷：累计摊销 1 900

(81) 借：生产成本——基本生产成本——1号产品 2 847.60

——2号产品 12 544.00

——辅助生产成本——动力车间 1 183.00

——机修车间 1 367.80

制造费用——外购动力费 2 920.40

管理费用——外购动力费（或其他） 4 480.00

贷：应付账款——电力局 25 342.80

(82) 借：生产成本——辅助生产成本——动力车间 631.80

——机修车间 715.00

制造费用——水费 2 366.00

管理费用——水费（或其他） 7 922.20

贷：应付账款——自来水公司 11 635.00

(83) 1) 借：生产成本——基本生产成本——1号产品 29 763.10

——2号产品 23 455.40

——辅助生产成本——动力车间（材料） 924.62

——机修车间（材料） 633.00

制造费用——材料消耗 2 972.56

管理费用——公司经费 829.48

其他业务成本——材料销售 6 650.50

销售费用——物料消耗 470.96

在建工程——车间扩建工程 2 683.53

贷：原材料——原料及主要材料——甲材料 18 195.52

——乙材料 11 033.07

——丙材料 29 184.00

——修理用备件 3 836.00

——燃料 750.00

——其他材料 4 453.99

材料成本差异——原材料 930.57

2) 借：生产成本——基本生产成本——1号产品 2 855.65

——2号产品 3 440.71

贷：周转材料——包装物 6 328.00

材料成本差异——包装物 [31.64]

3) 借：在建工程——车间扩建工程 429.36（2 683.53×16%）

贷：应交税费——应交增值税（进项税额转出） 429.36

(84) 借：制造费用——低值易耗品摊销 9 266.75

生产成本——辅助生产成本——动力车间 826.18
——机修车间 1 732.15
管理费用——低值易耗品摊销 1 269.57
贷：周转材料——低值易耗品 12 965.00
材料成本差异——低值易耗品 129.65

(85) 借：生产成本——基本生产成本——1 号产品 42 885.03
——2 号产品 52 456.33
制造费用——辅助生产费用 6 425.99
管理费用——其他 7 609.78
在建工程——车间扩建工程 8 658.22
贷：生产成本——辅助生产成本——机修车间 65 613.35
——动力车间 52 422.00

(86) 借：生产成本——基本生产成本——1 号产品 29 705.52
——2 号产品 26 681.73
贷：制造费用——转入生产成本 56 387.25

(87) 借：库存商品——1 号产品 158 341.50
——2 号产品 166 558.52
贷：生产成本——基本生产成本——1 号产品 158 341.50
——2 号产品 166 558.52

(88) 借：主营业务成本——1 号产品 91 930.76
——2 号产品 284 946.99
贷：库存商品——1 号产品 91 930.76
——2 号产品 284 946.99

(89) 借：原材料——原料及主要材料——甲材料 5 600
——丙材料 56 000
贷：应付账款——围城公司 61 600

(90) 借：税金及附加 6 449.48
应交税费——应交增值税（转出未交增值税） 64 494.80
贷：应交税费——应交城市维护建设税 4 514.64
——应交教育费附加 1 934.84
——未交增值税 64 494.80

(91) 1) 借：主营业务收入——1 号产品 203 310.00
——2 号产品 372 912.00
营业外收入 3 800.00
其他业务收入 59 675.00
贷：本年利润 639 697.00

2）借：本年利润　532 761.47

　　贷：主营业务成本　376 877.75

　　　　其他业务成本　7 676.50

　　　　销售费用　20 602.96

　　　　税金及附加　6 449.48

　　　　管理费用　90 686.35

　　　　财务费用　23 239.71

　　　　营业外支出　8 200.00

　　　　资产减值损失　971.28

（92）1）借：所得税费用　26 733.88

　　贷：应交税费——应交所得税　26 733.88

2）借：本年利润　26 733.88

　　贷：所得税费用　26 733.88

（93）借：利润分配——提取法定盈余公积　27 044.17

　　　　——提取任意盈余公积　36 410.08

　　　　——应付股利　154 026.74

　　贷：盈余公积——法定盈余公积　27 044.17

　　　　——任意盈余公积　36 410.08

　　　应付股利　154 026.74

（94）借：本年利润　728 201.65

　　贷：利润分配——未分配利润　728 201.65

（95）借：利润分配——未分配利润　436 920.99

　　贷：利润分配——提取法定盈余公积　72 820.17

　　　　——提取任意盈余公积　36 410.08

　　　　——应付股利　327 690.74

参考文献

［1］财政部会计司编写组编．企业会计准则讲解［M］. 北京：人民出版社，2008.

［2］财政部会计资格评价中心编．初级会计实务［M］. 北京：中国财政经济出版社，2010.

［3］谢国珍，李传双编．财务会计（第3版）［M］. 北京：高等教育出版社，2008.

信息反馈表

尊敬的老师：

您好！为了更好地为您的教学、科研服务，我们希望通过这张反馈表来获取您更多的建议和意见，以进一步完善我们的工作。

请您填好下表后以电子邮件、信件或传真的形式反馈给我们，十分感谢！

一、您使用的我社教材情况

您使用的我社教材名称			
您所讲授的课程		学生人数	
您希望获得哪些相关教学资源			
您对本书有哪些建议			

二、您目前使用的教材及计划编写的教材

您目前使用的教材	书名	作者	出版社
您计划编写的教材	书名	预计交稿时间	本校开课学生数量

三、请留下您的联系方式，以便我们为您赠送样书（限1本）

您的通信地址			
您的姓名		联系电话	
电子邮箱（必填）			

我们的联系方式：

地　址：苏州工业园区仁爱路158号中国人民大学苏州校区修远楼

电　话：0512-68839319　　传　真：0512-68839316

E-mail：huadong@crup.com.cn　　邮　编：215123

网　址：www.crup.com.cn/hdfs